## Sprachbuch 3

von

Karin Engewald
Marianne Franz
Friedrich-Wilhelm Mielke
Johanna Vogel

**Cornelsen**

**Jo-Jo**  Sprachbuch für das 3. Schuljahr · Ausgabe B

*Redaktion:* Cornelia Ostberg
*Grafik:* Eva Wenzel-Bürger, Constanze Schargan, Gabriele Heinisch
*Umschlaggrafik:* Birgit Rieger
*Fotos:* Cornelsen Verlag (Friedrich W. Klemme, F.-W. Mielke, Hans Mozer)
*Gestaltung und technische Umsetzung:* Knut Waisznor

Was diese Zeichen bedeuten:
- ✎ schriftliche Aufgabe
- ✎ Wahlaufgabe
- 🐗 Übungen zum Auswählen
- 👥 Partneraufgabe
- 👥 Erzählkreis
- 📄 Schreibwerkstatt

1. Auflage      Druck 5 4 3 2   Jahr 98 97 96 95
Alle Drucke dieser Auflage können im Unterricht nebeneinander verwendet werden.

© 1994 Cornelsen Verlag, Berlin
Das Werk und seine Teile sind urheberrechtlich geschützt.
Jede Verwertung in anderen als den gesetzlich zugelassenen Fällen
bedarf deshalb der vorherigen schriftlichen Einwilligung des Verlages.

Druck: Cornelsen Druck, Berlin

ISBN 3-464-03321-X

Bestellnummer 33210

**Erklärung der Wortbedeutungen von S. 88:**
Tafelklaßler – Erstkläßler,
Topfen – Quark,
Erdäpfel – Kartoffeln,
Karfiol – Blumenkohl,
Klobasse – Wurst,
bretteleben – eben wie ein Brett.

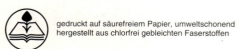
gedruckt auf säurefreiem Papier, umweltschonend hergestellt aus chlorfrei gebleichten Faserstoffen

## Inhaltsverzeichnis  Seite

| | |
|---|---|
| Im Erzählkreis | 4 |
| In der Schreibwerkstatt | 6 |
| Übungsstationen | 8 |
| Bei uns und anderswo | 10 |
| Vom Korn zum Brot | 16 |
| Freund und Freundin | 22 |
| Wir spielen Theater | 28 |
| Ich träume mir ein Land | 34 |
| Bastelwerkstatt | 40 |
| Vom Wünschen und Schenken | 46 |
| Wo ich wohne | 52 |
| Reise in die Vergangenheit | 58 |
| Saurier und Drachen | 64 |
| Angst und Mut | 70 |
| Baum-Woche | 76 |
| Tiere am und im Wasser | 82 |
| Radtour | 88 |
| Rechtschreibkurs | 94 |
| Wörter mit langen und kurzen Selbstlauten | 94 |
| Wörter mit *aa*, *ee* und *oo* | 95 |
| Wörter mit doppelten Mitlauten | 96 |
| Wörter mit *ck* | 98 |
| Wörter mit *tz* | 99 |
| Wörter mit *Eu/eu* | 100 |
| Wörter mit *X/x* | 101 |
| Wortfamilien | 102 |
| Wörter nachschlagen | 103 |
| Wörterliste | 104 |
| Lernzusammenhänge | 110 |
| Wichtige Begriffe | 112 |

über Aufgaben von Klassensprecherin
und -sprecher nachdenken
Gesprächsregeln vereinbaren und erproben

### 4  *Im Erzählkreis*

## Wir wählen unsere Klassensprecherin und unseren Klassensprecher

Die Kinder beraten, wie sie sich ihre Klassensprecherin und ihren Klassensprecher wünschen. Sie überlegen auch, welche Aufgaben beide nach der Wahl übernehmen sollen.

1  Sprecht über die Äußerungen der Kinder.

2  Welches sind eure Vorstellungen über Klassensprecherin und Klassensprecher? Beratet im Gesprächskreis.

3  Vereinbart Regeln für euer Kreisgespräch:
   – Wer leitet das Gespräch?
   – Wie gebt ihr das Wort weiter?
   – Wie nehmt ihr direkt zu einem Kind Stellung, auch wenn ihr noch nicht an der Reihe seid?

4  Schreibt Gesprächsregeln auf, die euch wichtig sind.

## Geschichten erfinden

Die Kinder erfinden Geschichten im Erzählkreis.
Sie geben den Erzählfaden weiter.

1. Sammelt Bilder, Fotos, Gegenstände, zu denen ihr Geschichten erfinden wollt. Legt eine Erzählkartei oder Erzählkiste an.

2. Bildet Erzählkreise. Legt euch ein Bild oder einen Gegenstand in die Kreismitte und erfindet Geschichten.

3. Nehmt manchmal eine Geschichte auf Kassette auf. Überprüft beim Anhören, ob alle eure Ideen zu der Geschichte passen.

über Geschichten sprechen
Tips zum Überarbeiten
von Geschichten sammeln

## 6 In der Schreibwerkstatt

### Über Geschichten sprechen

**Im Zoo**

Ich war gestern mit meinen Eltern im Zoo. Ich war zuerst bei den Affen. Dann gingen wir zu den Elefanten. Und dann gingen wir zu den Löwen und Tigern. Sie wurden gerade gefüttert. Dann durfte ich mir ein Eis kaufen. Meine Schwester wollte noch zu den Giraffen. Dann fuhren wir heim.

Beim Vorlesen von Daniels Geschichte fällt den Kindern auf, daß viele seiner Sätze gleich beginnen. Auch in anderen Geschichten fangen oft Sätze gleich an. Die Kinder sammeln deshalb unterschiedliche Satzanfänge auf einem Plakat.

1. Sammelt Satzanfänge, Wörter, Tips für Geschichten auf Plakaten und hängt sie in eurer Schreibecke auf.

2. Welche Tips würdet ihr Daniel zum Überarbeiten seiner Geschichte noch geben?

ein Geschichtenheft anlegen
Merkkarten zum Überarbeiten
einer Geschichte schreiben

## *In der Schreibwerkstatt* 7

## Das ist Sinas Geschichtenheft

Neckarsulm, den 21. September

Meine Katze Minka
Ich habe eine junge Katze. Sie heißt
Minka. Sie ist braun-weiß getigert.     Ihr Fell ist braun-weiß getigert.
Ich habe sie von meiner Tante
bekommen. Ich muß sie jeden Tag
füttern. Manchmal bürste ich ihr das     Manchmal bürste ich ihr das Fell.
fell. Sie spielt gern mit mir. Sie spielt     Sie spielt gern mit mir. Ich rolle ~~den~~ einen
gern mit meinem Tischtennisball.     Tischtennisball, und Minka rennt
Ich habe Minka sehr gern. Ich würde     hinter ihm her.
sie nie mehr weggeben.

Sina hat nachgedacht und an ihrer Geschichte gearbeitet.
Sie schaute dazu auf ihre Merkkarten.

## So kannst du deine Geschichte überarbeiten:

1  Schreibt selbst Merkkarten, wie ihr Geschichten überarbeiten könnt.

2  Ergänzt eure Merkkarten, wenn euch später noch wichtige Hinweise einfallen.

bekannte Übungsformen wiederholen
Arbeit mit der Wörterkartei kennenlernen

# 8 Übungsstationen

### 1. Station: So kannst du Wörter und Texte üben

 Partnerdiktat    Dosendiktat    Schleichdiktat

### 2. Station: Wörtertraining

 *plötzlich*
*plötzlich*
*plötzlich*

### 3. Station: Arbeit mit der Wörterkartei

   das Fahrrad
er fährt
die Fahrt

fahren

1. Lege für jedes Sammelwort eine Karteikarte an.
2. Schreibe auf die Vorderseite das Wort. Wähle für Namenwörter, Tunwörter und Wiewörter unterschiedliche Farben.
   Auf die Rückseite der Karte kannst du verwandte Wörter schreiben.
3. Stecke deine Karten ins 1. Fach.
4. Laß dir am nächsten Tag die Wörter aus dem 1. Fach diktieren. Bestimme selbst die Anzahl der Wörter.
5. Hast du die Wörter richtig geschrieben, dürfen diese Karteikarten ins 2. Fach wandern. War ein Wort falsch, wandert diese Karte wieder ins 1. Fach.
6. Deine Karteikarten wandern ins 3. Fach, wenn du die Wörter beim nächsten Diktieren wieder richtig geschrieben hast.
7. Laß deine Karteikarten durch alle Fächer wandern, dann wirst du ein Rechtschreibmeister.

## Übungsstationen 9

Arbeit mit dem Wochenplan kennenlernen

## Arbeit mit dem Wochenplan

| Lesen | | * | fertig | kontrolliert |
|---|---|---|---|---|
| Rechtschreiben | | Wörter mit Qu, qu Partner: Sebastian | S. F. | Sebastian |
| Geschichten schreiben | | Schreibe eine Tiergeschichte. | | |
| Mathematik | | Übe das 1 x 1 der 7. | | |
| Heimat- und Sachunterricht | | Ausstellungstisch Ferien | | |
| Spielen | | | | |
| Drucken | | | | |
| Das arbeite ich zusätzlich | | | | |

## Das ist Silkes Wochenplan

Einige Aufgaben sind vorgegeben, andere darf sie sich selbst aussuchen. Bei Feldern mit einem * soll Silke etwas arbeiten, sie darf aber selbst entscheiden, was sie machen möchte. Noch lieber hat sie die freien Felder, denn hier kann sie ganz allein bestimmen. Wenn eine Aufgabe erledigt ist, unterschreibt Silke auf ihrem Plan.
In dieser Woche beginnt Silke mit der Rechtschreibübung. Sebastian ist ihr Partner. Er kontrolliert Silkes Wörter und unterschreibt auf dem Wochenplan.

1 Überlegt, wie euer Wochenplan aussehen soll.
Entwerft in Gruppen einen Plan und stellt ihn vor.

**Miteinander sprechen** — Ferienerlebnisse erzählen

## 10  Bei uns und anderswo

Carmelo, Juri, Katrin und Sema haben ihrer Lehrerin Postkarten geschrieben. Alle vier haben in ihren Heimatländern Urlaub gemacht.

AKROPOLIS

Liebe Frau Berger!
Hier ist es schön.
Mit dem Essen ist es schwer, wir können die Speisekarte nicht lesen.
Viele Grüße von
Anja

Frau
Ines Berger
Am Höfle 4
07616 Bürgel

1  Woher kommen die Kinder? Ordne zu.

2  Warum konnte Anja die Speisekarte nicht lesen? Hast du auch schon einmal Schwierigkeiten mit Speisekarten gehabt?

3  Sammelt Fotos und Postkarten von euren Ferien. Ihr könnt sie an eine Wand in eurem Klassenzimmer heften.

4  Erzähle, was du in deinen Ferien gemacht hast.

ein Erlebnis auswählen **Texte**
eine Feriengeschichte schreiben **verfassen**

*Bei uns und anderswo* **11**

## Feriengeschichten schreiben

Thomas will seine Feriengeschichte aufschreiben.
Er wählt aus, was er erzählen will:

In den Ferien durfte ich meinen Freund Philipp in den Zoo einladen. Frühmorgens fuhren meine Eltern mit uns los.
Bald waren wir da …

1 Für welches Erlebnis hat sich Thomas entschieden?

So haben Christian, Stefanie und Andi ihre Geschichten begonnen:

**Christian**
Ich war im Zeltlager mit den Pfadfindern. Am ersten Tag

**Stefanie**
In den Ferien habe ich eine neue Freundin gefunden. Das war so:

**Andi**
Mir haben die Ferien nicht gefallen, weil ich drei Wochen im Bett liegen mußte. Ich hatte

2 Sprecht darüber.

3 Überlege dir eine eigene Feriengeschichte.
Wie willst du beginnen?

4 Schreibe deine Feriengeschichte auf.
Lest euch eure Geschichten vor.

**Sprache untersuchen** — Wortart Namenwort wiederholen

## 12 Bei uns und anderswo

Die Kinder haben Wörter in verschiedenen Sprachen gesammelt und auf ein Plakat geschrieben.

1  In welchen Sprachen sind die Wörter aufgeschrieben?

2  Lest euch die Wörter vor. Laßt euch von den Kindern helfen, die diese Sprache sprechen.

3  Schreibe die deutschen Wörter mit Begleiter auf und ordne sie:
*Wörter sammeln*
*Menschen:*
*Tiere:*
*Pflanzen:*
*Dinge:*

4  Schreibe zu jeder Zeile eigene Wörter, die dazupassen.

---

Namenwörter bezeichnen Menschen, Tiere, Pflanzen und Dinge.
Sie werden groß geschrieben.
*der, die, das, ein, eine* sind Begleiter der Namenwörter.

Großschreibung von Namenwörtern
und am Satzanfang wiederholen
ABC-Ordnung anwenden **Rechtschreiben**

## *Bei uns und anderswo* 13

Manuel hat sein Ferienerlebnis auf der Schreibmaschine geschrieben:

WIR WAREN IN DIESEM JAHR AN DER NORD-
SEE. MANCHMAL KONNTEN WIR NICHT BADEN.
BEI STARKEM ... UND RIESIGEN ... DURFTEN
WIR NICHT INS ... DANN BAUTEN WIR ... IM ...
UND SUCHTEN ... WENN DAS ... SCHÖN WAR,
MACHTEN WIR EINEN LANGEN ... AM ...

WELLEN
WASSER   STURM
SPAZIERGANG
WETTER
MUSCHELN
SAND
STRAND
BURGEN

✎ 1  Schreibe den Text ab und setze die fehlenden Wörter ein.
      Beachte: Namenwörter und Satzanfänge schreibt man groß.

✎ 2  Markiere alle Punkte und die Satzanfänge rot.
      Übermale den großen Anfangsbuchstaben bei den Namenwörtern
      mit einer anderen Farbe.

In diesen Ländern haben die Kinder aus Manuels Klasse
Urlaub gemacht: Argentinien, Finnland, Italien, Deutschland, Belgien,
Griechenland, Spanien, Holland, Ungarn, Türkei, Dänemark

✎ 3  Ordne die Ländernamen nach dem ABC.

✎ 4  Findest du zu den fehlenden Buchstaben Länder?
      Schreibe die Namen nach dem ABC geordnet auf.
      Du kannst das Wörterbuch benutzen.

  5  Sage das ABC auf, so schnell du kannst.
      Kannst du es auch rückwärts?

**Sammelwörter**

die Ferien · die Karte · regnen · der Regen · der Sommer · das Gewitter
blitzen · donnern · nah · plötzlich · stark · vorbei · der/die See
schwimmen · das Wasser · der Sand · das Wetter · dürfen · die Katze
die Blume · lang · ganz · spielen · die Reise · reisen · (das Zelt)

## 14 Bei uns und anderswo

**Wörter sammeln – Geschichten schreiben**

Lisa hat für ihre Geschichte Wörter gesammelt. Nicht alle kann sie gebrauchen. Sie hat sich für die blaue Spur entschieden.

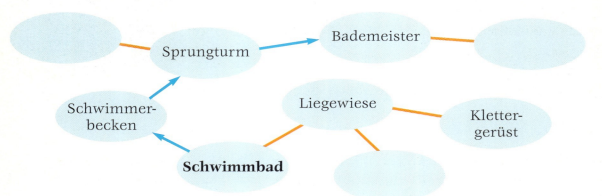

✎ 1 Überlege dir weitere Wörter, die zu *Schwimmbad* passen.
**Oder:** Suche Wörter, die zu *Autobahn* passen.
Schreibe deine Wörter auf.

✎ 2 Erzähle deine Geschichte.

**Was packst du in die Badetasche ein?**

Wie heißt die Mehrzahl von Sonnencreme?

Decke   Sonnenbrille   Mütze   Kerze   Ball   Handtuch

Sonnencreme   Badeanzug   Stiefel   Badehose   Buch   Schirm

3 Überlege, was du zum Baden mitnehmen willst.

✎ 4 Schreibe die Namenwörter mit Begleiter in der Einzahl und Mehrzahl auf:
Überschrift:   *Meine Badetasche*
   *Einzahl*   |   *Mehrzahl*

*Bei uns und anderswo* **15**

### Übungstext

**Ein unheimliches Erlebnis**

- ⚀ Melanie war in den Ferien in Italien.
- ⚁ Sie durfte mit ihrer Freundin im Zelt schlafen.
- ⚂ Plötzlich hörten sie ein unheimliches Geräusch.
- ⚃ Es donnerte und blitzte.
- ⚄ Ein starkes Gewitter war ganz nah.
- ⚅ Als alles vorbei war, schaute Melanies Vater nach ihnen.

1 Suche alle Namenwörter aus dem Text und schreibe sie auf.

2 Übt den Text als Würfeldiktat: Einer würfelt und schreibt den gewürfelten Satz aus dem Gedächtnis auf. Der andere kontrolliert. Wechselt nach jedem Satz.

### Ferienwörter

zelten    etwas erleben    baden    spielen    reisen    sich sonnen

3 Suche zu den Tunwörtern passende Namenwörter.
Benutze das Wörterbuch. Schreibe: *Ferienwörter*
    *zelten – das Zelt, ...*

### ABC-Spiele

4 Packe deinen Ferienkoffer nach dem ABC.
Benutze das Wörterbuch. Schreibe: *Mein Ferienkoffer*
    *Anorak, Bluse, Creme, ...*
**Oder:** Packe nur Sachen ein, die mit dem Anfangsbuchstaben
deines Vornamens beginnen: *Anna packt ein*
    *Anorak, Apfelsinen, ...*

### Nach dem ABC ordnen

Apfel    Eichel    Pfirsich    Traube    Birne    Zitrone

Kerze    Baum    Land    Mann    Nase    Schwimmbad

5 Schreibe jede Wortreihe nach dem ABC geordnet auf.

## Vom Korn zum Brot

### Schule im Museum

Das Getreide spielt eine ganz große Rolle für unsere Ernährung. Es liefert die wichtigsten Stoffe für unser Brot.
In unserem Freilichtmuseum können die Kinder miterleben, wie Korn zu Brot wird.
Sie lernen, wie man das Feld bestellt und wie man erntet, drischt, Korn mahlt und wie man „Dünne" (Fladenbrot) backt.
Während der verschiedenen Jahreszeiten können sie auf dem Acker pflügen, säen, eggen.
Höhepunkt des Besuchs ist immer das „Dünne"-Backen im Holzofen.

Die Kinder der Klasse 3a wollen ein Freilichtmuseum besuchen. Dort lernen sie, wie das Korn zu Brot wird. Ein Prospekt gibt erste Informationen.

1 Studiere den Text des Handzettels. Was werden die Kinder alles erleben?

2 Versuche möglichst viel herauszubekommen über den Weg vom Korn zum Brot (Bücher, Eltern, Bäcker, Bauern ...).

3 Stellt eure Ergebnisse vor (Ausstellung, Gesprächskreis, Plakate ...).

Bild-Text-Zuordnung vornehmen  
einen Text verfassen **Texte verfassen**

## *Vom Korn zum Brot* 17

Im Freilicht-Museum haben die Kinder viel erfahren. Es gab auch Dias zu kaufen.

verkaufen
ernten
säen
mahlen
backen
wachsen, reifen

1 Überlegt, in welcher Reihenfolge die Dias geordnet werden müssen. Was kommt zuerst?

Während ihres Besuches haben die Kinder Notizen gemacht:

Goldene Ähren im Sommer

Nach der Ernte: Der Müller mahlt das Korn zu Mehl.

Zum Schluß beim Bäcker oder in der Brotfabrik

**Auswahl zwischen vielen Brotsorten**

Spätsommer, der Mähdrescher mäht und drischt in einem.

Aussaat im Winter oder im Frühling

2 Welcher Zettel paßt zu welchem Bild?
3 Schreibe auf, wie aus dem Korn schließlich Brot wird.

Was ist der Unterschied zwischen *mahlen* und *malen*?

# Vom Korn zum Brot

## Wie wird Getreide angebaut?

Im Herbst pflügt der Bauer den Acker. Früher zogen Ochsen oder Pferde den Pflug. Heute machen das Traktoren. Mit der Egge zerkleinert der Bauer die Erdschollen. Dann sät er. Anschließend walzt er den Boden. Die Samenkörner liegen nun unter der Erde. Langsam wachsen die jungen Triebe. Es entstehen kleine Wurzeln. Sie graben sich in den Erdboden. Im Frühjahr sieht der Bauer, ob die Saat aufgegangen ist.

1 Schreibe die Tunwörter aus dem Text in der Grundform auf: *Tunwörter pflügen, ...*

## Erntezeit

Die Führerin im Museumsdorf sagt: „Ich ... euch jetzt, wie es mit dem Korn weitergeht." Zu einem Mädchen sagt sie: „Du ... auf die Bilder dazu."
„Der Bauer ... mit einer großen Maschine auf das Feld. Sie ... das Korn und drischt es. Wir ... sie darum auch Mähdrescher. Ihr ... diese Maschinen bei uns meistens in den letzten Augustwochen auf dem Feld. Die Autofahrer ... die Mähdrescher nicht gerade. Sie ... den Verkehr."

behindern
lieben
seht
nennen
mäht
fährt
zeigst
erzähle

2 Welche Tunwörter passen in die Lücken?
Sie müssen zu den unterstrichenen Wörtern passen.

3 Schreibe so: *ich erzähle, du ...*

---

Wörter, die sagen, was man tut oder was geschieht, nennt man Tunwörter.
Tunwörter haben eine Grundform und verschiedene Personalformen.
Grundform: *ziehen*
Personalformen: *ich ziehe, du ziehst, er/sie/es zieht, wir ziehen, ihr zieht, sie ziehen*

## In der Mühle

Der Bauer fährt das Korn zur Mühle. Manchmal trägt der Müller die Säcke ins Lager. Meistens fällt die Ladung aber durch eine Öffnung in den Keller. Das Mahlwerk läuft heutzutage durch Stromantrieb.

1 Schreibe den Text ab und unterstreiche die Tunwörter.

2 Schreibe darunter die Tunwörter und deren Grundform: Kennzeichne den Wortstamm: *fährt – fahren, …*

> Tunwörter haben einen Wortstamm und eine Endung.
> Manchmal wird aus dem Selbstlaut im Wortstamm ein Umlaut:
> **trag**en – du **träg**st

### Trio

|  | du | er, sie, es |  |
|---|---|---|---|
| tragen | trägst | trägt | saufen |
| fangen | fängst | fängt | schlagen |
| blasen | bläst | bläst | waschen |
| ? | ? | ? | fallen |

3 Schreibt jedes Wort auf ein Kärtchen. Vermischt die Kärtchen und legt sie umgekehrt auf den Tisch. Deckt abwechselnd je ein Kärtchen auf. Gewonnen hat das Kind mit den meisten Trios.

### Sammelwörter

das Brot · der Bäcker · die Ernte · ernten · essen · fahren · geben
müssen · waschen · backen · sich freuen · lieben · pflanzen · reif
das Feld · fallen · tragen · fangen · das Salz · der Winter · der Frühling
der Sommer · der Herbst · ziehen · kühl · satt · (das Korn · der Acker)

## Vom Korn zum Brot

Zutaten:
300 g Roggenschrot (fein),
400 g Weizenmehl,
300 g Weizenschrot (fein),
20 g Salz,
25 g Hefe, 900 g Wasser,
30 g Leinsamen
Sesam zum Bestreuen

Im Film „Ronja Räubertochter" backt Ronja Brotfladen, – wie sie es von ihrer Mutter Lovis gelernt hat.

**1.** Zutaten mischen

**2.** Teig kneten

**3.** 60 min an einem warmen Platz ruhen lassen

**4.** 8–10 Kugeln formen. Zu Fladen ziehen. Wasser abstreichen.

**5.** Mit Sesam bestreuen

**6.** Backblech einfetten. Bei 220 °C 25 min backen.

Zu Hause probieren Tina und Björn das Rezept aus.
Die Mutter hilft. Sie sagt: Zuerst mischst du alle Zutaten. Dann … Danach…

1 Schreibe die Arbeitsschritte auf: <u>Ronja-Brot backen</u>

2 Sammelt Rezepte zum Brotbacken.

3 Stellt ein Rezeptbuch her.
Vielleicht dürft ihr verschiedene Rezepte ausprobieren.

## Vom Korn zum Brot

### Übungstext

**In der Backstube**

Für ein ganz einfaches Brot verwendet der Bäcker nur Mehl, Wasser, Salz und Hefe. Daraus knetet er den Teig. Aus dem Teig formt er Kugeln. Die legt er in Brotkörbe. Dort ruhen sie einige Zeit. Dann kommen sie in den Ofen. Nach einer Stunde sind die Brote fertig.

**Beim Bäcker einkaufen**

Wir ... am Stadtrand. Meine Mutter ... mich manchmal zum Einkaufen. Ich ... gern zum Bäcker. Die Brote ... so lecker aus, und es ... so gut im Laden.

gehe   wohnen   sehen   schickt   duftet

1 Setze die passenden Tunwörter ein und schreibe den Text.

**Verwandte Wörter**

backen / aufbacken / überbacken / hacken / durchbacken
Bäcker / Backwaren / Zwieback / Bachstelze / Gebäck

2 In jeder Reihe ist ein Kuckucksei versteckt. Schreibe sie ohne die Kuckuckseier auf. Erkundige dich, was die Wörter bedeuten.

**Unser Brot**

Als Körnlein gesät,
als Ähren gemäht,
gedroschen im Takt,
gesiebt und gehackt,
dann hurtig und fein
gemahlen vom Stein,
geknetet und gut
gebräunt in der Glut,
liegt's duftend und frisch
als Brot auf dem Tisch.

3 Lies das Gedicht. Woran merkst du, daß es aus alter Zeit stammt?

4 Schreibe das Gedicht ab. Gestalte ein Schmuckblatt.

Miteinander sprechen — Text mit verteilten Rollen lesen / zu einer Fragestellung nehmen

## 22  *Freund und Freundin*

1 Spielt das Telefongespräch zwischen Elisabeth und Katrin.

2 Erzähle von deiner Freundin oder deinem Freund.

3 Wozu sind Freunde und Freundinnen für dich wichtig? Sprecht darüber.

4 Wie verhaltet ihr euch, wenn es einmal Streit gibt?

eine Bildgeschichte erzählen und schreiben | **Texte**
zu Bildern Wörter sammeln | **verfassen**

## Freund und Freundin 23

**Große Pause**

1 Überlege dir zu den Bildern eine Geschichte.
  Wie könnte die Geschichte ausgehen?

2 Sammelt in Gruppen Wörter, die zu den Bildern passen:
  *Bild 1: Pause, Hüpfspiel, Schulhof, Kinder, spielen, zuschauen, allein …*

3 Schreibe deine Geschichte auf.
  Finde eine passende Überschrift.

**Sprache untersuchen** Wortart Wiewort wiederholen

## 24 *Freund und Freundin*

### Rätselröllchen: Wer ist mein Freund?

Meine Freundin ist klein.
Ihre Haare sind lang und lockig.
Sie trägt einen roten Pulli.

Mein Freund ist klug. Er hat braune Augen und dunkle Haare. Er erzählt immer lustige Witze.

1 Schreibe die Rätselröllchen ab. Unterstreiche die Wiewörter.
**Oder:** Schreibe Rätsel von deinen Freunden und laß die anderen raten.

### Wie Menschen sein können

klug   hilfsbereit
klein   still
nett   zornig
fröhlich   vorlaut
fleißig   groß
witzig   freundlich
schnell   hübsch
langsam   laut
ängstlich   gutmütig
unruhig   frech
sportlich   lebhaft
stark   schüchtern
unternehmungslustig   lustig
   mutig
   lieb

Sina kann ganz toll turnen. Sie ist <u>sportlich</u>.
Tim ruft immer alles heraus. Er ist ...
Anne hilft gern. Sie ist ...
Jan bringt mich oft zum Lachen. Er ist ...
Julia lernt viel für die Schule. Sie ist ...

2 Schreibe die Sätze auf und finde passende Wiewörter.

Mit Wiewörtern kann man beschreiben, wie etwas oder wie jemand ist:
*lustig, lang, rot*

## Anne hat Geburtstag

Anne deckt den Geburtstagstisch.
Sie gibt sich dabei ... Mühe.
Neben jeden Teller legt sie eine ... Serviette,
passend zu den ... Gläsern.
Auch ein ... Blumenstrauß und eine ... Kerze
schmücken den Tisch.
Zum Schluß holt sie die ... Torte herein.
Zu trinken gibt es ... Sprudel.

lustig   rot   blau
         süß
bunt           sauer
         neu
heiß           gemütlich
         laut
frisch         schön
         groß
               leise

✏ 1  Schreibe den Text ab.
Wähle passende Wiewörter aus und setze sie ein.

## Annes Geburtstagstisch

rot   klein   gelb   lustig   spannend
stachelig   bunt   jung   schön   weich

✏ 2  Welche Wiewörter passen? Setze die Wiewörter vor die Namenwörter.
*Das liegt auf dem Geburtstagstisch*
ein roter Ball, ein ...
**Oder:** Schreibe Sätze:  *Die Eltern schenken Anne ein junges Kaninchen.*
                          *Felix schenkt Anne einen ...*

**Sammelwörter**

der Freund · die Freundin · der Geburtstag · gefallen · gratulieren
freundlich · fröhlich · froh · nett · rund · gelb · das Spiel · hüpfen · frisch
lustig · trinken · passen · heißen · das Haar · klug · grüßen · (das Geschenk)

## 26  Freund und Freundin

**Telefongespräche**

Jan ist krank. Nach der Schule ruft Wibke an.

| | |
|---|---|
| Wibke: | Hallo, Jan, hier ist Wibke **!** |
| | Wie geht es dir heute **?** |
| Jan: | Mir ist schrecklich langweilig **.** |
| | Wie war es in der Schule **?** |
| Wibke: | Wir waren in der Bücherei **.** |
| | Ich habe für dich ein Buch ausgeliehen **.** |
| Jan: | Kannst du es mir gleich bringen **?** |
| Wibke: | Gut, ich komme **!** |
| Jan: | Prima **!** Beeile dich **!** |

1  Lest das Telefongespräch. Die Satzschlußzeichen zeigen euch, wie ihr lesen sollt.

2  Manche Sätze kannst du auch anders lesen. Dazu mußt du die Satzschlußzeichen ändern. Zum Beispiel: *Jan ist krank.*
*Jan ist krank?*

> Erinnere dich:
> Nach einem **Aussagesatz** steht ein **Punkt**,
> nach einem **Fragesatz** steht ein **Fragezeichen**,
> nach einem **Aufforderungssatz** steht ein **Ausrufezeichen**.

**Freundinnen! Freundinnen?**

- Warum kommst du nicht zu mir ☐
  Wir können gemeinsam auf das Baby aufpassen ☐

- Nie hast du Zeit ☐

- Das ist eine gute Idee ☐
  Ich komme, sobald ich fertig bin ☐

- Du bist wirklich meine beste Freundin ☐ Beeile dich ☐

- Hallo, Selime, hier spricht Anne ☐
  Kommst du nach den Hausaufgaben zu mir ☐

- Es geht heute nicht ☐ Ich muß auf meinen kleinen Bruder aufpassen ☐

3  Schreibe die Teile des Gesprächs auf Streifen. Ordne sie in der richtigen Reihenfolge und setze die passenden Satzschlußzeichen.

4  Spielt das Gespräch. Achtet auf die Betonung der Sätze.
**Oder:** Das Gespräch könnte auch anders verlaufen. Überlegt euch einen anderen Schluß.

## Freund und Freundin 27

### Übungstext

**Anne hat Geburtstag**

Meine Freundin heißt Anne. Sie hat rote Haare und ein fröhliches Gesicht. Heute war ich zu Annes Geburtstag eingeladen. Ich habe ihr bunte Stifte und einen kleinen Kaktus geschenkt. Die Geschenke haben Anne gefallen. Wir haben Kuchen gegessen und lustige Spiele gespielt. Es war ein tolles Geburtstagsfest!

1 Schreibe den Text ab. Kennzeichne die Wiewörter farbig.

**Geburtstagsbrief**

Als ich ging, da fand ich was.
Ei der Daus, von wem ist das?
Dieses lila Federchen?
So was hat nicht jederchen!
Was, zum Beispiel, was hast du?
Heut' Geburtstag, und dazu
wünsch' ich dir, das weißt du doch,
recht viel Gutes, noch und noch.

*Josef Guggenmos*

2 Gestalte mit dem Geburtstagsbrief ein Schmuckblatt.
**Oder:** Denke dir selbst einen Geburtstagsbrief für deine Freundin oder deinen Freund aus.
Schreibe und gestalte ein Schmuckblatt, eine Karte …

**Wortartenkreisel**

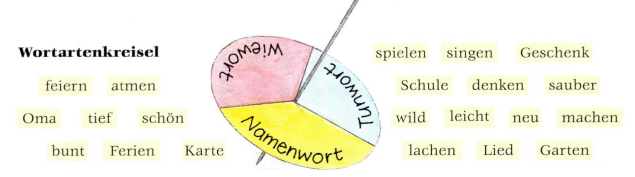

3 Bastelt einen Wortartenkreisel und schreibt Wortkärtchen. Dreht den Kreisel und sucht ein passendes Wortkärtchen heraus. Überlegt euch eine Spielregel.

Herr Magus war ein Zauberer,
vor dem es manchem bangte,
der aber selbst nicht glücklich war,
weils ihn nach Macht verlangte.

Er wollte ein großmächtiger,
gewaltiger Zauberer werden,
bewundert, doch gefürchtet auch
und vielbestaunt auf Erden.

Aus diesem Grund nahm er sich vor,
bei Nacht und ganz verstohlen,
die Sternenpracht vom Himmelszelt
zu sich herabzuholen.

*James Krüss*

1 Lest das Gedicht und spielt den Zauberer Magus.

2 Überlegt euch Zaubersprüche, mit denen Magus die Sterne stehlen kann.

3 Wie ergeht es den Menschen, wenn alle Sterne verschwunden sind?
Spielt die Szene, wie die Menschen jammern.

Die Kinder wollen die Geschichte vom Zauberer Magus als Theaterstück aufführen. Sie erfinden Geschichten, die als Spielvorlage dienen sollen.

### Der Zauberer Magus und die Fee

Der alte Zauberer Magus wollte noch mächtiger werden.
Er stahl den Menschen die Sterne vom Himmel.
Die Menschen jammerten und klagten:

Da erinnerte sich ein alter Mann, daß in vergangenen Zeiten eine gute Fee den Menschen in Not geholfen hatte. Er suchte die Fee und bat sie um Hilfe. Die Fee kannte den Dieb nicht.

Sie fragte:  und  und  und …

Die Fee fand den Sternendieb.

1 Folge der Erzählspur und überlege eine Geschichte.

2 Gestalte das Zusammentreffen zwischen Fee und Zauberer. Wer gewinnt?

3 Überlege einen Schluß für deine Geschichte.

4 Schreibe deine Geschichte auf.

**Sprache untersuchen** — wörtliche Rede kennenlernen, mit dem Wortfeld „sagen" umgehen

## 30 Wir spielen Theater

1 Lest und spielt mit verteilten Rollen. Probiert verschiedene Möglichkeiten aus. Vergleicht die unterschiedliche Sprechweise der Personen.

2 Ihr könnt diese Szene verlängern oder verändern. Überlegt in Gruppen verschiedene Möglichkeiten und spielt vor.
Spielt auch mit eurer Stimme.

| **sagen** | drohen | schimpfen | brüllen | sprechen | fragen | stottern |
|---|---|---|---|---|---|---|
| | rufen | flüstern | lachen | antworten | meinen | jammern |

3 Schreibt eure Szene auf:
*Der Kapitän jammert:*   „Ohne den Polarstern können wir nachts den Weg über das Meer nicht finden!"
*Die Kinder fragen:*   „Wo sind …"

---

Was wörtlich gesprochen wird, heißt wörtliche Rede.
Die wörtliche Rede steht in Anführungszeichen (Redezeichen).
Der Redebegleitsatz gibt an, wer spricht.
Die Sternenfee sagt:   *„Ich hole die Sterne zurück."*
   Redebegleitsatz      Wörtliche Rede

Redebegleitsätze formulieren
Zeichensetzung bei wörtlicher Rede üben  **Rechtschreiben**

## Wir spielen Theater  31

1 Lest und spielt mit verteilten Rollen.
   Achtet auf die unterschiedliche Sprechweise der Personen.

2 Schreibe das Gespräch vollständig auf.
   Gib durch ein passendes Wort aus dem Wortfeld *sagen* an, wie der Spieler
   sprechen soll:   Der Zauberer brüllt:   „Wer dringt in mein Schloß ein?"
             Die Sternenfee ...:   „Du Räuber und Dieb! Ich bin ..."
   **Oder:** Überlege dir, wie das Gespräch noch verlaufen könnte
   und schreibe es auf.

### Sammelwörter

der Tag · die Nacht · der Himmel · die Menschen · das Schloß · die Zeit
dunkel · alt · bunt · schreien · helfen · sammeln · erklären · allein
böse · sprechen · (der Stern · das Theater · gefährlich · flüstern · drohen)

## 32 Wir spielen Theater

**Vorbereitung für das Theaterspiel**

- Wir räumen das Klassenzimmer um.
- Wer kümmert sich um die Beleuchtung?
- Ich male ein Plakat.
- Wir entwerfen die Kulissen.
- Haben wir einen Ansager?
- Wen laden wir zur Aufführung ein?

✎ 1 Überlege passende Redebegleitsätze zu den wörtlichen Reden.
Schreibe das Gespräch auf.
**Oder:** Überlege, was die Kinder sonst noch besprechen müssen.
Schreibe dieses Gespräch auf.
Verwende treffende Ausdrücke aus dem Wortfeld *sagen*.
Schreibe so: *Simon fragt: „Wer kümmert sich …?"*

**Kostümprobe**

Rucksack, Federboa, Stöckelschuhe, Fächer, Stiefel, Gürtel, Brautkleid, Wanderstab, Zylinder, Seidenschal, Mütze, Vorhang

zerknittert, gestreift, kariert, zerbeult, bunt, gemustert

✎ 2 Suche passende Kostüme für die Fee, den Zauberer, den Wanderer oder andere Personen aus der Kleiderkiste.
Schreibe auf, was die Kinder tragen.
Schreibe so:  <u>Kostümprobe</u>
  *Sina ist eine alte Frau. Sie trägt …*

Was hat die Federboa mit einer Boa zu tun?

## Wir spielen Theater 33

**Übungstext**

### Die Sternenfee

Der Zauberer Magus lebte in einem alten Schloß.
Er wollte noch mächtiger werden.
Deshalb zauberte er die Sterne vom Himmel.
Die Menschen jammerten:
„Wer ist der Sternendieb?"
Plötzlich fiel einem alten Mann ein:
„Vor langen Zeiten hat eine gute Fee den Menschen in Not geholfen."
Er suchte die Fee.

1 Schreibe zehn Wörter aus dem Text, die eine besondere Schwierigkeit haben.
   Kennzeichne die schwierige Stelle.

2 Schreibe alle Namenwörter mit Begleiter auf.

3 Suche zu jedem Wort verwandte Wörter und schreibe sie auf.
   Schreibe so: *Zauberer: Zauberstab, zaubern, bezaubernd ...*

4 Übt eure Wörter als Partnerdiktat.
   **Oder:** Spielt mit euren Wörtern ein Wörterbingo.

| Zauberer   Schloß   Fee | riesig   geheimnisvoll   gefährlich   alt |
|                          | zerfallen   prächtig   mutig   mächtig     |

5 Suche zu jedem Namenwort passende Wiewörter.
   Schreibe so: *der mächtige Zauberer, das ...*

**Miteinander sprechen** — zu einem Thema phantasieren, in Gruppen Geschichten erzählen

## Ich träume mir ein Land

Ich träume mir ein Land,
da wachsen tausend Bäume,
da gibt es Blumen, Wiesen, Sand
und keine engen Räume.
Und Nachbarn gibt's, die freundlich sind,
und alle haben Kinder,
genauso wild wie du und ich,
nicht mehr und auch nicht minder.

*Erika Krause-Gebauer*

1 Wie sieht es in deinem Traumland aus?
Schließe die Augen und reise in dein Traumland.
Ihr könnt für eure Reise auch eine passende Musik auswählen.

2 Schreibe Wörter auf, die dein Traumland beschreiben.

3 Male in Worten ein Bild von deinem Traumland.

4 Erzähle von Menschen, die in einem Traumland leben.

5 Macht euch gemeinsam auf den Weg in ein Traumland.
Bildet Erzählgruppen. Ein Kind fängt an zu erzählen.
Es gibt ein Wollknäuel an ein anderes Kind weiter, das die Geschichte „weiterspinnt". Achtet darauf, daß euer Erzählfaden nicht abreißt.

## Reise ins Traumland

Ich lag im Bett und träumte. Plötzlich klopfte es an meinem Fenster. Ein Männlein mit lila Haaren stieg durch die Fensterscheibe, setzte sich auf meine Bettdecke und flüsterte:
„Komm mit in mein Traumland."
Das Männlein nahm mich bei der Hand …

geheimnisvolle Stimmen, Giftschlangen, …

alte Karte mit seltsamen Zeichen, Schatzkiste, …

Ritt auf einem Elefanten, Tiersprache verstehen können, …

1. Stelle dir vor, du fliegst mit dem Männlein ins Traumland. Entscheide dich für ein Erlebnis. Schreibe deine Geschichte auf. Der Schlußsatz könnte sein:
   *Ich wachte auf und merkte, daß alles nur ein Traum war.*

2. Was könntest du auf deiner Traumreise noch erleben? Erzähle ein lustiges Erlebnis **oder** ein spannendes Erlebnis **oder** ein geheimnisvolles Erlebnis.

3. Lest euch eure Traumgeschichten vor.

4. Male ein Bild oder Bilder zu deiner Geschichte.

5. Gestaltet mit euren Geschichten ein Buch. Überlegt euch einen passenden Buchtitel.

**Sprache untersuchen** — Sätze gliedern / Sätze durch Umstellen von Satzgliedern verändern

## Ich träume mir ein Land

### Im Land der Riesen

Der Riese liegt
unter einer Tanne
vor seiner Höhle.
Ein Rabe sitzt auf der Tanne.
Ein bunter Schmetterling
flattert über die Wiese.

1 Erzähle, was du noch auf dem Bild entdeckt hast.

2 Schreibe deine Beobachtungen auf.

3 Du kannst die Sätze auch verändern. Probiere verschiedene Möglichkeiten aus. Schreibe dazu jeweils einen Satz auf einen Streifen. Zerschneide ihn und stelle die Teile um:

> Der Riese liegt vor seiner Höhle unter einer Tanne
>
> unter einer Tanne Riese Der vor liegt Höhle seiner

4 Vergleiche die Sätze.

5 Spiele auch mit den Teilen eines anderen Satzes.
Schreibe die Möglichkeiten auf, die du für einen Satz gefunden hast.
Denke an die Satzanfänge und Satzschlußzeichen.
**Oder:** Bastle einen Satzfächer.
Stelle Kärtchen für einen Satz zusammen.
Überlege, welche Wörter zusammengehören, auch wenn du den Satz umstellst.
Schreibe sie auf ein Kärtchen.

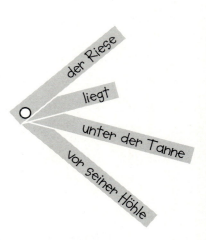

> Ein Satz besteht aus mehreren Teilen, den Satzgliedern.
> Ein Satzglied kann aus einem oder mehreren Wörtern bestehen.

Wörter mit Auslautverhärtung üben
Rechtschreibhilfen kennenlernen und anwenden  **Rechtschreiben**

## Ich träume mir ein Land  37

In der Freiarbeit arbeiten Silke, Sebastian und Önder an einem Text, den sie nachher als Partnerdiktat schreiben wollen.

**Zwerg**

Es war einmal ein ... ,
der saß auf einem ... ,
der stand in einem ... ,
das Land ist ... .
Es liegt auf einem ... ,
der Stern ist klein und ... .
Es schwebt ganz weit im Raum,
so weit kann keiner schaun.

*Erwin Moser*

1 Vervollständige den Text und setze die passenden Reimwörter ein:

> Berg   Land   Zwerg
> unbekannt   fern   Stern

Jetzt üben die Kinder den Text.
Önder diktiert zuerst, Sebastian und Silke schreiben.

der stand in einem Land

stan...
*t* oder *d*?
standen – stand

Önder diktiert weiter: „Es liegt ..." Dann unterbricht er, denn er merkt, daß seine beiden Partner ein Problem haben.
Sebastian flüstert das Wort *liegt* mehrmals.

Ich höre und spreche ein *k*.
Ich schreibe ...

2 Sprecht über Sebastians Problem.
Überlegt euch eine Rechtschreibhilfe.

3 Erprobt eure Rechtschreibhilfe auch an den folgenden Wörtern aus dem Text:
*Berg, Land, stand, Zwerg, schwebt, liegt, weit.*
Zum Beispiel: *Ber☐ – Berge, schwe☐t – schweben, ...*

### Sammelwörter

die Höhle · klettern · sitzen · fliegen · träumen · schnell · voll
erzählen · der Berg · liegen · schlafen · der Wald · leben · der Abend
arbeiten · die Arbeit · der Hals · der Weg · (der Riese · der Zwerg)

## Ich träume mir ein Land

### Riesensätze

Die Kinder wollen ihre Sätze zu langen „Riesensätzen" erweitern.
Christiane: Der Riese | schläft.
Marcel: Der Riese | schläft | auf der Wiese.
Falco: Der Riese | schläft | auf der Wiese | vor seiner Höhle.
Stefanie: Der Riese | schläft | auf der Wiese | vor seiner Höhle | unter …

1 Sei auch ein Satzbaumeister und verlängere diese Sätze:

Der Zwerg gräbt.   Die Blume blüht.   Katja klettert.

Du kannst diese Satzglieder verwenden oder dir selbst welche ausdenken.

auf dem Spielplatz   am frühen Morgen   hinter dem Haus

auf dem Berg   den ganzen Tag   im Bergwerk   auf die Leiter

bei Sonnenuntergang   nach einem Schatz   auf einem Baum

2 Schreibe einen Satz auf und laß ihn wachsen.
Teile in diesem Satz die Satzglieder ab.
**Oder:** Schreibe einen langen Riesensatz auf und kennzeichne die Satzglieder.
Stelle die Satzglieder um und bilde neue Sätze.

### Im Land des Winterkönigs

Der Winterkönig lebt in einem Schloß aus Schnee und Eis seine
Diener sind der Nordwind und der Frost in den Schloßgärten
wachsen wunderschöne Eisblumen die Prinzessin tanzt
auf dem Eis die Königin fährt in einem goldenen Schlitten.

3 Schreibe die Geschichte auf und setze die fehlenden Satzschlußzeichen ein.
Denke an die Satzanfänge. Unterteile jeden Satz in seine Satzglieder.

*Ich träume mir ein Land* **39**

## Übungstext

### Riesenpech

Der alte Riese <u>lebte</u> in einer Höhle tief im <u>Wald</u>. Den ganzen <u>Tag</u> arbeitete er in einem <u>Bergwerk</u> und suchte nach Edelsteinen. Jeden <u>Abend</u> <u>trug</u> er seine Schätze nach Hause. Er versteckte sie in einer Schatzkiste in seinem Keller. Den Schlüssel für die Kiste hatte er um den Hals an einer goldenen Kette. Eines Tages verlor er auf dem <u>Heimweg</u> den Schlüssel …

1  Sprich die unterstrichenen Wörter deutlich. Schreibe sie.
   Kennzeichne in jedem Wort die schwierige Stelle.

### Bilderrätsel

2  Löse die Rätsel.
   Schreibe die Lösungswörter in der Mehrzahl und in der Einzahl auf.

### Wörterräder

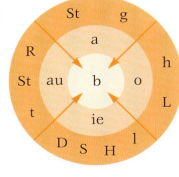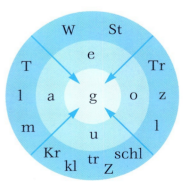

3  Bilde die Wörter, die in den Wörterrädern versteckt sind.
   Schreibe sie auf. Verändere sie so, daß du *b* und *g* hören kannst.
   Schreibe so: *der Stab – die Stäbe,*
              *gab – sie gaben, sie geben*

4  Erzähle die Geschichte „Riesenpech" zu Ende.

**Miteinander sprechen** — Vorschläge und Ideen für Basteleien sammeln

## 40 Bastelwerkstatt

### Vorschläge für die Adventszeit

- Bastelnachmittag machen
- einen Adventskalender basteln
- Girlanden aus Goldpapier
- Fenster mit Fensterbildern schmücken
- Christbaum aufstellen und schmücken
- Nußkerzen machen
- Kerzenleuchter aus Ton
- Sterne aus Goldpapier falten
- Tannenzweige an die Wände hängen

1 Sieh dir die Bilder an: Welche Vorschläge haben die Kinder ausgewählt?

2 Woher kannst du dir Ideen zum Basteln holen?
Denke an Bücher, Zeitschriften ...

3 Sammelt Bastelvorschläge. Stellt sie vor.

4 Richtet eine Bastelecke im Klassenzimmer ein.

## Adventskalender basteln

Christiane hat eine Idee für einen Adventskalender: Jedes Kind bastelt einen Nikolaus. Dieser wird mit kleinen Überraschungen gefüllt.

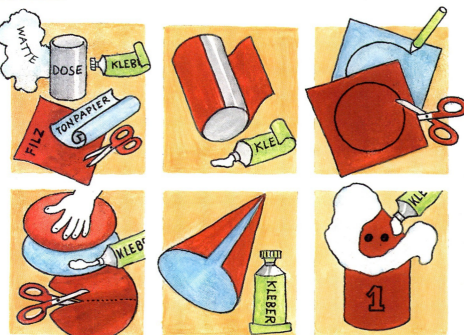

1 Sieh dir das erste Bild an. Schreibe auf, was du brauchst, um den Nikolaus zu basteln:
*Materialliste*
1 leere Dose
...

Christiane hat die Bastelanleitung für die anderen Kinder aufgeschrieben. Dabei ist sie durcheinandergekommen:

## Einen Nikolaus basteln

① Ich beklebe eine leere Dose mit rotem Filz. ② Dann zeichne ich einen Kreis auf Tonpapier und einen gleichgroßen Kreis auf Filz. ③ Die Kreise müssen viel größer sein als der Deckel der Dose. ④ Ich schneide die Kreise aus und klebe sie aufeinander. ⑤ Nun kann ich aus dem Halbkreis die Mütze formen. ⑥ Die Ränder klebe ich fest. ⑦ Den Kreis halbiere ich. ⑧ Zum Schluß bekommt der Nikolaus noch einen Wattebart, zwei schwarze Augen und eine Nummer auf den Bauch.

2 Vergleiche den Text mit den Bildern. Wo hat sich Christiane geirrt?

3 Schreibe die Bastelanleitung in der richtigen Reihenfolge auf.

4 Bastelt den Adventskalender.

5 Überlegt, womit ihr euch überraschen wollt.

**Sprache untersuchen** — Begriff Fürwort kennenlernen

## 42  Bastelwerkstatt

### Bratäpfel backen

Britta und Tim machen Bratäpfel. ▢ haben die Arbeiten aufgeteilt: ▢ wäscht die Äpfel. Danach sticht ▢ das Kerngehäuse aus. ▢ hackt die Haselnüsse klein. Dann verrührt ▢ Marmelade, die gehackten Nüsse, Kondensmilch und Zimt. Anschließend fettet ▢ das Backblech ein. ▢ legt die Äpfel auf das Blech und füllt sie. Zum Schluß bestreut ▢ die Äpfel mit Zucker und setzt Butterflöckchen darauf.

1  Lies den Text. Durch welche Wörter hast du die Bilder ersetzt?

2  Vergleicht eure Lösungen.

✎ 3  Schreibe den Text auf.

### Bastelnachmittag mit Eltern

Tims Vater und der Hausmeister bereiten den Raum vor.
Tims Vater und der Hausmeister tragen Stühle und Tische herein.
Dorotheas Mutter hat sich eine Überraschung ausgedacht.
Dorotheas Mutter kocht Kinderpunsch.
Annas Opa hat einen Weihnachtsbaum geschlagen.
Annas Opa stellt ihn im Klassenzimmer auf.
Die Kinder hängen Strohsterne an den Baum.
Die Kinder freuen sich auf einen gemütlichen Nachmittag.

4  Lies den Text mit flüsternder Stimme. Manche Textstellen klingen etwas steif. Probiere, wie du die Stellen verändern kannst.

✎ 5  Schreibe den Text mit deinen Veränderungen auf.

> Namenwörter können durch Fürwörter ersetzt werden.
> *ich, du, er, sie, es, wir, ihr, sie (alle)* sind persönliche Fürwörter.

In diesem Nikolaussack steckten Wörter mit *ck*:

S**a**ck ★ p**a**cken ★ Schn**e**cke ★ D**e**cke ★ pfl**ü**cken
schm**ü**cken ★ Z**u**cker ★ h**a**cken ★ st**e**cken ★ tr**o**cken
l**e**cker ★ w**e**cken ★ schm**e**cken ★ dr**ü**cken ★ R**ü**cken
b**a**cken ★ H**a**cke ★ J**a**cke ★ zur**ü**ck ★ Br**ü**cke ★ d**i**ck
**E**cke ★ schl**e**cken ★ L**a**ck ★ R**o**ck ★ S**o**cken ★ Fl**o**cken

1  Schreibe die Wörter ab. Kennzeichne den kurz gesprochenen Selbstlaut.
   **Oder:** Suche Reimwörter und schreibe sie auf.
   **Oder:** Übe die Wörter als Partnerdiktat und als Dosendiktat.

### In der Weihnachtsbäckerei

Musik und Text:
Rolf Zuckowski

*Refrain:*

In der Weih-nachts-bäk-ke-rei gibt es
man-che Lek-ke-rei. Zwi-schen Mehl und Milch macht so
man-cher Knilch ei-ne rie-sen-gro-ße Klek-ke-rei, in der
Weih-nachts-bäk-ke-rei, in der Weih-nachts-bäk-ke-rei.

2  Das ist der Anfang eines Liedes. So werden Liedtexte unter die Noten
   geschrieben. Was ist mit den Wörtern mit *ck* passiert?

3  Wähle 10 Wörter mit *ck* aus dem Nikolaussack aus und trenne sie.
   Beachte: Nicht alle Wörter lassen sich trennen.
   Schreibe: <u>Trennung von ck</u>
             schmecken, schmek-ken, ...

### Sammelwörter

backen · die Brücke · der Zucker · packen · der Apfel · trocken · zurück
schmücken · schmecken · die Ecke · die Schere · schneiden · die Wand
dick · die Jacke · der Rock · der Rücken · der Schnee · (basteln · der Sack)

## 44 Bastelwerkstatt

**Nach dem Basteln wird aufgeräumt**

1  Schreibe auf, was die Kinder und ihr Lehrer zueinander sagen.
   Schreibe den Text mit Redebegleitsätzen.
   Die wörtliche Rede mußt du in Anführungszeichen setzen:
   <u>Nach dem Basteln</u>
   Herr Berg ruft: „Ihr könnt die Fensterbilder jetzt aufhängen."
   Claudia ...

   fragen
   sagen
   beschließen
   entscheiden
   antworten
   rufen

2  Unterstreiche die persönlichen Fürwörter.

### Der Bratapfel

Kinder, kommt und ratet,  
was im Ofen bratet!  
Hört, wie es knallt und zischt!  
Bald wird er aufgetischt,  
der Zipfel, der Zapfel,  
der Kipfel, der Kapfel,  
der gelbrote Apfel.

Sie pusten und prusten,  
sie gucken und schlucken,  
sie schnalzen und schmecken,  
sie lecken und schlecken  
den Zipfel, den Zapfel,  
den Kipfel, den Kapfel,  
den knusprigen Apfel.

*Fritz und Emilie Kögel*

3  Übe, das Gedicht ausdrucksvoll zu sprechen.

4  Schreibe das Gedicht ab und gestalte es.
   Du kannst zum Beispiel jede Strophe in eine Apfelform schreiben.

**Bastelwerkstatt** 45

## Übungstext

### Bastelnachmittag

Im Klassenzimmer sind alle Tische abgedeckt.
Scheren, Klebstoff, Papier und Ton liegen bereit.
Eine Gruppe schneidet aus Papier Fensterbilder aus.
Andere Kinder formen Kerzenleuchter aus Ton.
Zwei Mädchen falten Sterne und hängen sie an Tannenzweige.
Der Lehrer ruft: „Macht eine Pause! Die Bratäpfel sind fertig."
Die heißen Äpfel schmecken lecker.

### Wörter mit *ck*

1. Schreibe die Wörter mit *ck* geordnet auf: *Wörter mit ck*
   *Decke, ...*
   *...*

Schnecke, Decke, Fliege (Flocke), Schlüssel (Deckel), Socken, Hecke, Mücke, Lücke, Stücke

### Reimwörter

| Flocken | backen | Rücken | lecken | picken |
|---------|--------|--------|--------|--------|
| L... | h... | b... | w... | n... |
| S... | p... | pfl... | st... | sch... |
| tr... | | schm... | schl... | |

2. Schreibe die Reimwörter auf.
   **Oder:** Spielt Bingo mit *ck*-Wörtern.

### Nikolaus kommt in die Schule

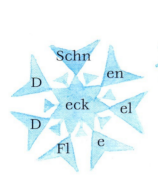

Die Kinder ... das Klassenzimmer.
Tobias und Julia sehen den Nikolaus zuerst.
Er trägt einen großen ... auf dem ... An seinem
Mantel hängen ... Jedes Kind bekommt ein
... mit süßen Sachen. Die ... ... besonders ...

Sack
Nußecken
Päckchen
Schneeflocken
lecker
Rücken
schmücken
schmecken

3. Setze die passenden Wörter ein und schreibe den Text.

# Vom Wünschen und Schenken

Liebe Aygün!
Schenk mir deine Wörter,
schenk sie mir bald,
Wörter für Himmel,
für Sonne und Wald,
Wörter für Wiesen
mit Blumen bestreut,
Wörter für Flüsse,
für unendlich weit.

Wörter für Schafe,
mit Fellen ganz dicht,
Wörter für Türme,
wie Glas so licht,
Wörter für Freundschaft,
für Frieden und Liebe
sind Wörter für Kinder,
für unsere Spiele.

*Marianne Kreft*

1. Lest das Gedicht vom Schenken.
   Sprecht darüber, was in diesem Gedicht verschenkt wird.

2. Welche Wörter möchtest du verschenken? Schreibe sie auf und male dazu.

3. Laß dir von Kindern deiner Klasse Wörter in anderen Sprachen schenken.
   Gestalte mit diesen Wörtern eine Schmuckseite.

4. Du kannst auch ein Gedicht verschenken.
   Wähle ein Gedicht aus, das dir besonders gut gefällt.
   Schreibe es auf und verschenke es.

5. Bald ist Weihnachten. Wem möchtest du etwas schenken?
   Überlegt euch gemeinsam noch weitere Vorschläge für besondere Geschenke.

Briefe und Karten schreiben und gestalten  **Texte**
Großschreibung von Anredewörtern  **verfassen**

## Vom Wünschen und Schenken 47

Für den letzten Schultag hat sich die Klasse etwas Besonderes einfallen lassen. Jedes Kind soll einen Wunschbrief geschenkt bekommen.

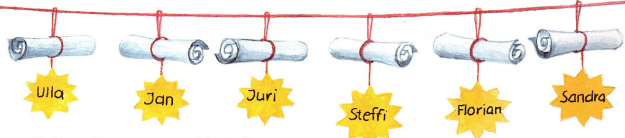

Steffi liest ihren Wunschbrief vor.

> Liebe Steffi,
> ich wünsche Dir, daß Du das Lied bei unserer Weihnachtsfeier heute abend gut flöten kannst. Ich wünsche Dir auch schöne Weihnachten.
>                                    Dein Florian

1  Überlege dir für ein Kind aus deiner Klasse einen ganz besonderen Wunsch.
   Schreibe und gestalte damit einen Wunschbrief.
   Die Anredewörter *Du, Dein, Dich, Dir* mußt du in Briefen und auf Karten groß schreiben.

Alles Gute
viel Freude an dem Geschenk
viel Glück im neuen Jahr
schöne Weihnachtsgeschenke
Herzliche Grüße

Gesundheit
gesegnetes Weihnachtsfest
Bis bald
Spaß in der Schule
Viele Grüße

2  Schreibe und gestalte für deine Eltern, Geschwister, Großeltern, Freunde ...
   eine Weihnachtskarte.

Sprache untersuchen — Begriff Satzgegenstand kennenlernen, Wer/Was-Frage anwenden

## 48  Vom Wünschen und Schenken

**Warten ist schwer**

... ist verschlossen.
... flüstern und rascheln hinter der Tür.
... warten gespannt in der Küche.
Wann beginnt endlich ... ?
... huscht neugierig über den Flur.
„... müssen wohl noch etwas warten", sagt Anne.
... vergeht ganz, ganz langsam.

die Zeit   Vater und Mutter
Florian und Anne   die Bescherung
das Wohnzimmer   Florian   wir

1 Lies den Text. Ergänze die Sätze mit den Satzgliedern.

2 Schreibe den Text auf. Unterstreiche die Satzglieder, die du ergänzt hast.

**Endlich ist Weihnachten!**

Ein Weihnachtslied erklingt.
Anne spielt auf der Flöte.
Vater liest das Verschenk-Gedicht von Anne.
Die Sterne hängen am Weihnachtsbaum.
Mutter bewundert den bemalten Stein.
Florians Bild liegt unter dem Baum.

3 Finde heraus, wie nach den unterstrichenen Satzgliedern gefragt wird.
Überlege, wann du mit *Wer?* und wann du mit *Was?* fragen mußt.

4 Schreibe die Fragen und Antworten auf.
*Endlich ist Weihnachten!*
Was erklingt? *ein Weihnachtslied*
Wer spielt auf der Flöte? *Anne*

> Das Satzglied, das du mit der Wer- oder Was-Frage herausfindest,
> nennt man Satzgegenstand.

**Wörter mit Dehnungs-h
zusammengesetzte Namenwörter bilden** **Rechtschreiben**

## Vom Wünschen und Schenken   49

### Ein Wunsch wird wahr

Seit <u>Jahren</u> wünschen sich Florian und Anne eine <u>Eisenbahn</u>.
„Unsere Wohnung ist zu klein dafür", sagt Mutter.
„So eine <u>Bahn</u> ist sehr teuer", meint Vater. Doch in diesem <u>Jahr</u>
ist es anders. Am Weihnachtsmorgen verschwindet Vater im
<u>Wohnzimmer</u>. Aufgeregt warten die Kinder. Die Eltern <u>führen</u>
Florian und Anne ins Zimmer. Die Kinder <u>strahlen</u>. Eine <u>Eisenbahn</u>
<u>fährt</u> gerade in den <u>Bahnhof</u> ein und hält neben der großen
<u>Uhr</u> an. „<u>Fröhliche</u> Weihnachten", sagen die Eltern.

1 Lies den Text. Sprich die unterstrichenen Wörter deutlich und laß den
  Selbstlaut oder Umlaut vor dem *h* lang klingen.
  Male dazu eine lange Linie in die Luft oder schlage bei jedem langen Laut
  die Triangel.

2 Schreibe die Wörter auf und kennzeichne den langgesprochenen Selbstlaut:
  *Wörter mit h als Dehnungszeichen*
  *wahr, Jahren, ...*

### Zusammengesetzte Namenwörter

**Bahn** | Fahrt | Hof | Gleis | Damm | Strecke | Schranke

3 Schreibe die zusammengesetzten Wörter mit *Bahn* auf:
  *Zusammengesetzte Namenwörter*
  *die Bahnfahrt, der Bahnhof, ...*

4 Bilde zusammengesetzte Namenwörter
  und schreibe sie auf:
  *die Rutschbahn, ...*

rennen
rutschen
Eisen   **Bahn**
Straße
Auto
Seil
Eis

**Sammelwörter**

die Bahn · das Bild · die Eltern · das Ohr · die Uhr · das Weihnachten
der Wunsch · leuchten · fröhlich · wahr · wünschen · der Brief
das Fest · die Wahl · wählen · das Jahr · die Zahl · zählen · die Wahrheit
(die Kerze · schenken)

## 50 Vom Wünschen und Schenken

**Weihnachtswünsche**

Irina  Julia  Jan  Giovanni

✏ 1  Schreibe auf: *Weihnachtswünsche*
*Giovanni wünscht sich einen Weihnachtsbaum.*

✏ 2  Untersuche die Sätze. Frage nach dem Satzgegenstand.
Unterstreiche ihn.
**Oder:** Sammle Weihnachtswünsche in der Klasse.
Schreibe die Sätze auf und kennzeichne den Satzgegenstand.

**Was paßt zusammen?**

| | |
|---|---|
| Anne ... | ... singen Weihnachtslieder. |
| Ich ... | ... brennen. |
| Goldene Sterne ... | ... spielen den Eltern ein Lied vor. |
| Tim und Julia ... | ... hängen an den Fenstern. |
| Wir ... | ... wünscht sich eine Eisenbahn. |
| Viele Kerzen ... | ... male ein Bild. |
| Die Kinder ... | ... schreiben Wunschkarten. |

✏ 3  Bilde Sätze und schreibe sie auf. Unterstreiche den Satzgegenstand.

**Klassenfeier**

... plant eine Weihnachtsfeier. Dazu müssen ... viel
vorbereiten. ... probt ein Weihnachtsspiel. ... spielen
auf ihren Flöten. ... üben fleißig. ... lernt ein Gedicht.
Bald kann ... es auswendig. Heute schreibt ... eine
Einladungskarte. ... ist geschmückt. ... kann beginnen.

das Zimmer   das Fest   er   Anne und Sonja   die Kinder   Felix   jedes Kind   sie   die Klasse 3   die Theatergruppe

✏ 4  Schreibe die Sätze ab und setze passende
Satzgegenstände ein.

*Vom Wünschen und Schenken*

### Übungstext

### Geschenke

In diesem Jahr überlegen sich die Kinder der Klasse 3 besondere
Geschenke für Weihnachten. Sie wählen aus, was sie machen wollen.
Manche Kinder schreiben Gedichte, andere basteln Sterne aus Papier.
Viele Kinder wollen Weihnachtskarten drucken und verschenken.
Sie überlegen sich Wünsche für Weihnachten und schreiben sie auf.
Sorgfältig bedruckt jedes Kind seine Karte. Einige malen noch eine Kerze
oder einen Stern auf ihre Karte.

### Zusammengesetzte Namenwörter

1 Schreibe die Weihnachtswörter
  mit Begleiter auf.   *Weihnachtswörter*
                    *das Weihnachtslied, ...*

2 Schreibe eine Geschichte über deinen größten Wunsch.
  **Oder:** Schreibe einen Wunschzettel für deine Eltern auf.

Weihnachten

Lied   Ferien   Baum   Musik
  Karte   Wunsch   Geschenk
     Fest   Geschichte   Spiel
              Feier

### Schenken

Schenke groß oder klein,
Aber immer gediegen.
Wenn die Bedachten
Die Gaben wiegen,
Sei dein Gewissen rein.

    Schenke herzlich und frei.
    Schenke dabei,
    Was in dir wohnt
    An Meinung, Geschmack und Humor,
    So daß deine eigene Freude zuvor
    Dich reichlich belohnt.

        Schenke mit Geist ohne List.
        Sei eingedenk,
        Daß dein Geschenk
        Du selber bist.

3 Wie verstehst du
  die letzte Strophe des Gedichts?

*Joachim Ringelnatz*

## Wo ich wohne

### Das Haus

Das erste Haus war eine Höhle,
das zweite war vielleicht ein Zelt,
so gab es mancherlei Behausung,
wo Menschen sind auf dieser Welt.

Wie viele haben keine Ahnung,
was alles mitlebt in dem Haus:
die Spinne und die Kellerassel,
der Holzwurm und die Fledermaus.

Wenn Mensch und Tier das Haus nicht hätten,
es wäre furchtbar, wie sie frören!
Sie hätten weder Herd noch Betten.
Drum soll man Häuser nicht zerstören.

*Eva Rechlin*

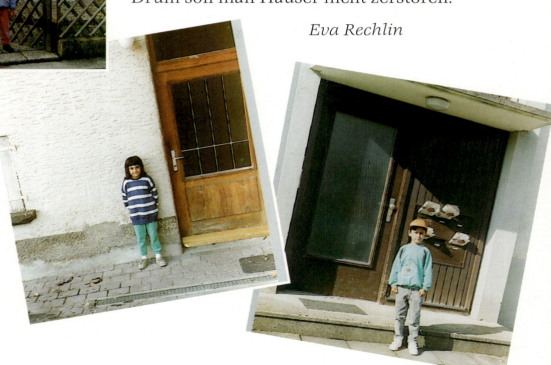

1  Die Kinder der Klasse 3 zeigen, wo sie zu Hause sind.
   Sprecht über die Unterschiede.

2  Erzähle, wo du wohnst und wie du wohnst.

3  Das Gedicht erzählt von „mancherlei Behausung"
   und warum man Häuser nicht zerstören soll. Sprecht darüber.

Geschichten in der Schreibwerkstatt besprechen

**Texte verfassen**

## *Wo ich wohne* 53

Manche Menschen wohnen auf einem Hausboot. Sie leben dort für ein paar Wochen im Sommer oder für immer. Imke hat die Ferien auf einem Hausboot verbracht. Sie schreibt darüber eine Geschichte:

> Ich war in den Herbstferien bei meiner Tante. Die Tante wohnt in Bremerhaven. Die Tante wohnt auf einem Hausboot. Meine Tante wohnt da aber nur vom Frühling bis zum Herbst. Im Winter wohnt meine Tante in Bremen. Das war schön.

Die Kinder der Klasse 3 wollen die Geschichte drucken. Vorher sprechen sie über den Text und machen Verbesserungsvorschläge:

- Erzähle doch ein bißchen mehr vom Hausboot.
- Laß doch die ersten beiden Sätze zusammenwachsen.
- Du schreibst so oft Tante.
- Der letzte Satz kommt so plötzlich.

1 Überlege, welche Vorschläge du annehmen möchtest. Schreibe Imkes Text neu.

2 Denke dir selbst eine Hausboot-Geschichte aus.
**Oder:** Erzähle, wie du einmal gewohnt hast: Zelt, Hütte, Wohnwagen, Hochhaus …

**Sprache untersuchen** — Begriff Satzaussage kennenlernen

## 54 *Wo ich wohne*

### Ein gemütlicher Abend

| Kamin | dampft |
| Sofa | hört |
| Katze | knistert |
| Teekanne | schläft |
| Feuer | schnurrt |
| Flamme | liest |
| Sessel | schlummert |

1. Beschreibe den gemütlichen Abend. Du kannst die Wörter benutzen. Was paßt zusammen?

2. Schreibe einige Sätze auf. Untersuche sie. Rahme den Satzgegenstand ein.

3. Untersuche jeden Satzgegenstand mit Hilfe der Frage: Was wird vom Satzgegenstand ausgesagt? Beispiel: |Das Feuer| knistert.

4. Unterstreiche die Satzaussagen aus Aufgabe 2.

### Liedchen

Die Zeit vergeht.　　　Die Milch verdirbt
Das Gras verwelkt.　　Die Wahrheit schweigt.
Die Milch entsteht.　　Die Kuhmagd stirbt.
Die Kuhmagd melkt.　　Der Geiger geigt.

*Joachim Ringelnatz*

5. Die Sätze in dem Gedicht von Joachim Ringelnatz bestehen nur aus Satzgegenstand und Satzaussage. Ahnst du, warum?

---

Derjenige Satzteil, der eine Aussage über den Satzgegenstand macht, heißt Satzaussage.

　　　　Der Junge　　hört Musik.
　　　|Satzgegenstand|　|Satzaussage|

## Der *Arzt* kommt ins Haus

Alexander *schlummert* im Kinderzimmer. Er *fühlt* sich krank. Er kann kaum *sprechen*, und er hat *Durst*. *Sonst* fehlt ihm *nichts*. Der Arzt kommt. Alexander hat *Angst* vor einer *Spritze*. Der Arzt schaut in den Hals und hört das *Herz* ab: „Ich *schreibe* dir ein Rezept aus. *Jetzt wirst* du *schnell* wieder gesund. Deine *Schwester* soll dich gut *pflegen*. Auf Wiedersehen."

1 Lies die unterstrichenen Wortteile besonders deutlich.

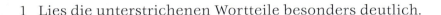 2 Schreibe die schräggedruckten Wörter ab. Kennzeichne die Mitlaute.
  Überschrift: *Wörter mit vielen Mitlauten*

## Was paßt zusammen?

Arzt · Strafe · Wurst · Stein · Schale · Platz
Strich · Streit · Pflaster · Zettel · Helferin · Hammel
Ernte · Angst · Markt · Männchen · Dank · Anfang
· Obst · Herbst · Pelle · Hase ·

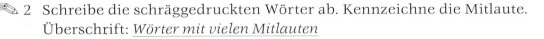 3 Bilde zusammengesetzte Namenwörter. Schreibe sie mit Begleiter auf.

## Mitlaut-Rekord gesucht

 4 Gesucht wird ein deutsches Wort mit den meisten aufeinanderfolgenden Mitlauten.

Mein erstes Angebot: Angstschweiß.

### Sammelwörter

die Stadt · das Dorf · der Besuch · besuchen · das Feuer · der Herr
jetzt · der Mensch · pflegen · der Schlüssel · die Wohnung
das Zimmer · zuletzt · nichts · das Boot · wohnen · die Schwester
krank · das Herz · jetzt · der Raum

## Wo ich wohne

Der Zeichner Erwin Moser hat sich dieses Baumhaus ausgedacht.
Kinder haben angefangen, das Haus zu beschreiben. Sie haben aber nur Satzaussagen hingeschrieben.

… sitzt auf einem Ast.

… brennt auf dem Nachttisch.

… hängt an der Baumwand.

… liegt auf dem Schreibtisch.

… steht vor dem Schreibtisch.

… führen hinunter.

… steht im Keller.

Das Bücherregal   Zwei Leitern   Der Uhu   Der Brief

Eine Kerze   Eine Schatztruhe   Ein Stuhl

1 Ordne die passenden Satzgegenstände zu.

2 Schreibe die Sätze auf. Unterstreiche, was über den Satzgegenstand ausgesagt wird.

3 Stelle die Sätze um. Es sollen Aussagesätze bleiben.

4 Überlegt gemeinsam: Was fehlt noch im Baumhaus?
Notiert es in Aussagesätzen.
**Oder:** Erzähle eine Geschichte zu dem Bild.
**Oder:** Male ein Erzählbild, wie dein Baumhaus aussehen soll.

# Wo ich wohne 57

### Übungstext

**Pippis Haus**

Pippi wohnt in einem alten Haus am Rande der Stadt.
Die Stadt liegt in Schweden. Ein großer Garten gehört zum Haus.
Es hat ein Wohnzimmer, ein Schlafzimmer, eine Küche
und sonst noch ein paar kleine Räume. Im Wohnzimmer steht
nur ein einziges Möbelstück, eine Kommode. Darin liegen
alle Schätze, die Pippi gesammelt hat. Pippis Eltern leben nicht
im Haus. Ihre Freunde sind ein Pferd und ein Affe.

### Wörtermühle

1 Bilde zusammengesetzte
   Namenwörter.
   Schreibe die Wörter
   mit Begleiter auf.
   Überschrift: *Verwandte Wörter*
   **Oder:** Bilde mit diesen Wörtern zusammengesetzte Namenwörter
   mit dem Wortstamm **Wohn**: *Lage, Laube, Mobil, Raum, Wagen, Zimmer, Geld.*
   Schreibe: *die Wohnlage, ...*

```
Wohnung  s  Wechsel  =  Wohnungswechsel
         Not             ?
         Markt           ?
```

2 Bei diesen Zusammensetzungen mußt du einen Buchstaben einfügen.
   Schreibe die Wörter auf. Kennzeichne den eingefügten Buchstaben.

### Für flinke Zungen: Makkaroni

| | | |
|---|---|---|
| Schlupp, schlupp, | Wie das schmeckt! | Schluppdiwupp |
| flupp, flupp, | Wie das schleckt! | und fluppdisupp |
| schluppdiwupp | Wie das hüpft! | schlüpft es, wupp, in meinen Mund. |
| und fluppdisupp. | Wie das schlüpft! | Ketchup drauf – das ist gesund! |

*Wolfgang Menzel*

3 Übe den Text, bis du ihn ausdrucksvoll sprechen kannst.

## 58 Reise in die Vergangenheit

**Schöne Zeiten?**

1  Sprecht über das Bild.
   Diese Art der Zeichnung nennt man Karikatur.

2  Als eure Großeltern so alt waren wie ihr jetzt,
   gab es kaum Autos. Das Leben war anders
   (Verkehr, Haushalt, Schule ...). Laßt euch davon erzählen.
   Vielleicht könnt ihr ein Interview mit Leuten machen,
   die jetzt ungefähr 60 Jahre alt sind. Nehmt es auf Kassette auf.

3  Eine Zeit ohne Autos:
   Denkt darüber nach und besprecht es.

4  Sammelt Bilder und Gegenstände, die von früheren Zeiten erzählen.
   Informiert euch in Büchern. Macht eine Ausstellung.

Morgen ist heute gestern. Vorgestern war gestern morgen.

Geschichten erfinden  **Texte verfassen**

## Reise in die Vergangenheit 59

Maximilian hat in einem Buch lustige Bilder über das Radfahren vor 150 Jahren gefunden. Er schreibt darüber eine Geschichte:

Herr Klein wollte sich ein Laufrad kaufen. Aber zuerst mußte er fahren lernen. Der Laufrad-Lehrer gab ihm ein nagelneues Rad. Aber, o weh! Herr Klein hatte zu kurze Beine. Nur die Zehenspitzen berührten den Boden. Er bemühte sich sehr und bewegte sein Fahrrad ganz langsam vorwärts ...

1 Schreibe die Geschichte weiter. Das Bild hilft dir dabei.
   **Oder:** Schreibe eine Geschichte über eine Kutschfahrt, einen Ausflug mit dem Hochrad, eine Fahrt in einer alten Eisenbahn ...

**Sprache untersuchen** — Tunwörter in verschiedenen Zeitformen

## 60 *Reise in die Vergangenheit*

*Aus einer alten Zeitung:*
Am 17. Dezember 1853 strömten viele Menschen nach Nürnberg und Fürth. Zwischen diesen Städten fuhr zum ersten Mal in Deutschland eine Eisenbahn. Die Zuschauer unterhielten sich aufgeregt. Sie bestaunten die eiserne Dampf-Lokomotive. Kinder weinten, die Erwachsenen fürchteten sich, als sie Dampf ausstieß.

**Die Eisenbahn in Deutschland**

*Eine Reportage von heute:*
Viele Menschen strömen in den Stuttgarter Hauptbahnhof. Heute fährt zum ersten Mal ein ICE in den Bahnhof. Die Zuschauer unterhalten sich aufgeregt. Sie bestaunen die Lok und die Wagen des ICE.

1 Vergleiche den Zeitungsbericht von früher mit dem Bericht des Reporters. Woran erkennst du, daß von früher und von heute erzählt wird.

2 Vergleiche die Tunwörter in beiden Texten miteinander. Was stellst du fest?

3 Stelle die Tunwörter gegenüber. Schreibe:

| früher | heute |
|---|---|
| strömten | ... |

### Eine Reise mit der Eisenbahn

Manchmal ... Mutter und Max in die Stadt. Dort ... sie Eier und Butter. Sie ... mit dem Zug. In den Wagen der 1. Klasse ... feine Leute. Eine Frau ... einen Hut mit Schleier. Auf ihrem Schoß ... ein Mops. In den Wagen der 3. Klasse ... die Bänke aus Holz. Dort ... zwei Handwerksburschen. Neben Max ... ein Korb mit Enten. Dieser ... einem Bauern, der auch in die Stadt ...

reisen/reisten
verkaufen/verkauften
fahren/fuhren
sitzen/saßen
sitzt/saß
gehört/gehörte
steht/stand
will/wollte
sind/waren
schlafen/schliefen
trägt/trug

4 Setze die passenden Tunwörter ein und lies den Text vor. Von welcher Zeit erzählt der Text?

5 Schreibe den Text vollständig auf.

---

Tunwörter können in verschiedenen Zeitformen auftreten:
*sie strömen*       *sie strömten*
Gegenwartsform      Vergangenheitsform

## Reise in die Vergangenheit

### Das erste Auto

Carl Benz baute das erste Fahrzeug, das von einem Motor angetrieben wurde. Bei seinem ersten Ausflug blieben die Leute stehen und staunten über das Wunderding. An jeder Steigung mußten Berta und Carl aussteigen und das Auto schieben. Aber trotzdem erreichten sie ihr Ziel.

1 Schreibe ab und unterstreiche die Wörter mit *ie*. Kennzeichne *ie* farbig.

lie • schie • frie • sie • flie • gen • ben • ren • len • gen

2 Setze Wörter zusammen und schreibe sie.

schieben – schie☐en   liegen – lie☐en   fließen – flie☐en

3 Verändere einen Buchstaben, und du bekommst ein anderes Wort. Schreibe die Wörter ab und ergänze die fehlenden Buchstaben.

4 Finde zu diesen Anfangsbuchstaben ein Wort mit *ie*: B, D, R, S, W. Benutze das Wörterbuch.

### Rätselecke

Es hat sieben Häut'     Loch an Loch        Das ist nur für ganz Kleine.
und beißt alle Leut.    und hält doch.      Große haben zu lange Beine.
Zwiebel                 Sieb                Wiege

5 Denke dir selbst Rätsel aus, deren Lösungswörter ein *ie* enthalten.

### Sammelwörter

er fuhr · die Fahrt · der Verkehr · sehen · die Aufgabe · gehen · sie ging
kommen · er kam · lesen · sie las · geben · er gab · schwierig · tragen
schieben · manchmal · das Ziel · fleißig · die Zeitung · frieren · der Zug
sie blieb · halten · er hielt · tief

## Reise in die Vergangenheit

**Ein Schnurps grübelt**

Also, es war einmal eine Zeit,
Da war ich noch gar nicht da.
Da gab es schon Kinder, Häuser und Leut'
Und auch Papa und Mama,
Jeden für sich –
Bloß ohne mich.           *Michael Ende*

1 Frage deine Eltern, wie es war, als es dich noch nicht gab.
Sprecht darüber im Erzählkreis.

**Tinas Mutter erzählt:**

Als ich noch ein Kind ... , ... ich die Schule
im nächsten Dorf besuchen. Die war
zwei Kilometer weg. Es ... noch keinen
Schulbus. Wir ... auch kein Auto.
Ich ... mit dem Fahrrad zur Schule.
Im Winter ... ich oft zu Fuß.
Wenn viel Schnee ... , ... ich zu Hause.

fahren/fuhr
müssen/mußte
geben/gab
haben/hatten
sein/war
liegen/lag
bleiben/blieb
gehen/ging

2 In dem Text fehlen Tunwörter in der
Vergangenheitsform. Setze die richtigen Formen ein
und schreibe den Text ab.

3 Laß dir ein Erlebnis aus der Kindheit deiner Eltern erzählen.
Schreibe es auf.
Verwende die Tunwörter in der Vergangenheitsform.

**Wörterschlange**

schriebangelteließholtefuhrschwammbliebkamalssangtranklasgab

4 In der Wörterschlange stecken lauter Vergangenheitsformen.
Schreibe die Wörter und ihre Grundform auf.

*Reise in die Vergangenheit* **63**

## Übungstext

**Schule früher**

Früher <u>gingen</u> alle Kinder gemeinsam
in eine Klasse. Es <u>gab</u> nämlich nur eine Klasse
und einen Lehrer für die Kinder. Die kleinen Kinder
<u>lasen</u> laut aus dem Lesebuch vor oder <u>rechneten</u>
mit dem Lehrer. Die großen Kinder <u>bekamen</u>
eine stille Arbeit. Manchmal <u>trieben</u> sie hinter
dem Rücken des Lehrers Unsinn. Dann <u>mußten</u>
sie in der Ecke stehen. Fleißige Schüler <u>halfen</u> den
anderen Kindern bei schwierigen Aufgaben.

1  Schreibe alle unterstrichenen Tunwörter
aus dem Text. Suche die Grundform dazu
und schreibe sie daneben.

## Wörter mit *ie*

2  Bilde Wörter
und schreibe sie auf.
Kennzeichne *ie*.

W _ie_ ge     St _ie_ l
R _ie_ se     S _ie_ g
schw _ie_ rig  Br _ie_ f
              l _ie_ b
              T _ie_ r

## Wenn Riesen niesen

Sieben Riesen,
die mit bloßen Füßen
über nasse Wiesen liefen,
niesten mit ihren Riesennasen so laut,
daß von diesem Riesenniesen
sieben Wieselkinder,
die in dunklen Zimmern schliefen,
aufwachten und „Gsundheit" riefen.

*Josef Guggenmos*

3  Lies das Gedicht.

4  Gestalte mit dem Gedicht ein Schmuckblatt.

## 64 Saurier und Drachen

In der Klasse 3 ist das Saurier-Fieber ausgebrochen.
Jeder weiß etwas über die Dinos.
Florian hat sogar an eine Zeitung geschrieben.

> Königslutter, d. 12. 9.
>
> Florian Groß
> Elmstraße 4
> 38154 Königslutter
>
> EINGEGANGEN
> 14. Sept.
> Erl. ..................
>
> Filmkritik „Jurassic Park"
>
> Sehr geehrter Herr Müller!
> Ihren Bericht über den Film „Jurassic Park" habe ich gelesen. Dabei ist mir eine Verwechslung aufgefallen. Nicht der T. rex, sondern die Velociraptoren werden mit dem Rind gefüttert! Aber sonst finde ich Ihren Artikel super.
>
> Viele Grüße
> Florian (9 J.)
> aus Königslutter am Elm

1 Was wißt ihr über Saurier?
   Berichtet im Erzählkreis. Befragt eure Experten.

2 Tragt Tatsachen zusammen. Macht eine Saurier-Ausstellung.

„Bin ich wach oder träume ich?"
dachte Felix Fischel, als er eines Morgens
aufwachte und in seinem Zimmer ein
Drache saß. Ein ganz kleiner Drache,
so groß wie ein Kätzchen. Felix streichelte
ihm den Kopf, und der kleine Drache
wedelte fröhlich mit dem Schwanz.
Felix ging nach unten. Er erzählte seiner
Mutter von dem Drachen.
„Drachen gibt's doch gar nicht!"
sagte seine Mutter.
Und das klang so,
als meinte sie das auch.

*Jack Kent*

So beginnt die Geschichte „Drachen gibt's doch gar nicht" von Jack Kent.

1 Studiere die Einleitung und das Bild genau.
   Was erfährst du über Felix und den Drachen?

2 Wie könnte die Geschichte weitergehen? Sammelt in Gruppen
   Gedanken, Ideen ... Tragt die Ideen der Klasse vor. Ordnet sie.

3 Wie könnte die Geschichte enden? Sprecht über eure Vorschläge.

4 Schreibe deine Geschichte auf. Der Anfang steht schon da.
   Beginne mit dem Hauptteil:
   *Felix ging wieder nach oben in sein Zimmer und zog sich an.
   Der Drache strich um ihn herum und wedelte mit dem Schwanz.
   Aber Felix streichelte ihn nicht mehr ...*

5 Lest euch eure Geschichten vor und sprecht darüber.

## Saurier und Drachen

### Tiere aus der Urzeit

Vor ungeheuer langer Zeit lebte der **Tyrannosaurus Rex**. Er war vierzehn Meter lang und sechs Meter hoch. Im Maul trug er fünfzig scharfe Zähne. Mit denen zerriß er tote Tiere. Er bewegte sich nur langsam über die Erde. Am Oberkörper hingen zwei Stummelarme. Damals gab es nur 1500 verschiedene Landtiere. Es gab noch keine Menschen.

Noch heute gibt es Tiere aus der Urzeit. In Amerika lebt die **Kammeidechse**. Ihr schuppiger Kamm reicht vom Kopf bis zum Schwanz. Ein seltsames Tier gibt es in Australien: das **Schnabeltier**. Es legt Eier und säugt seine Jungen. Es schwimmt wie eine Ente.

1 Diese Texte haben Kinder für eine Ausstellung gesammelt. Vergleicht. Was fällt euch auf?

2 In beiden Texten gibt es Wörter, an denen du erkennen kannst, ob der Text <u>von früher</u> oder <u>von heute</u> handelt. Welche Wörter sind das?

3 Stellt die Tunwörter in einer Liste gegenüber:

| Text 1 | Text 2 |
|--------|--------|
| lebte  | gibt   |
| ...    | ...    |

### Saurier-Park

Vor einigen Jahren ... in dem Dorf Kleinwelka in Sachsen der erste Saurier-Park. Aus Eisen und Beton ... ein Mann namens Franz Gruß Saurier-Modelle. Viele Menschen ... seitdem die Plastiken. Der Saurier-Park ... und ... Heute ... dort mehr als 20 Saurier. Täglich ... Besucher. In der nächsten Woche werden wir den Park auch besuchen.

kommen
bewundern
wachsen und wachsen
entstehen
bauen
stehen

4 Ergänze die passenden Tunwörter und schreibe den Text ab. Die Tunwörter treten in verschiedenen Zeitformen auf. Warum?

Wörter mit Umlauten üben  **Rechtschreiben**

## Saurier und Drachen  67

### Saurier und Drachen

Saurier haben wirklich gelebt.
Drachen hat es nie gegeben.
In der Phantasie der Menschen
sind Saurier und Drachen verwandt.

Seit mehr als 3000 Jahren bauen die Menschen Drachen.
Dünne *Stäbe* spannen die Seide oder das Papier.
Sie fliegen über *Wälder, Gräben, Bäche, Hänge* und *Täler.*
Vergnügt sehen die Menschen ihren *Tänzen* zu.
Bei der Landung entstehen oft *Schäden* am Drachen.

✎ 1 Schreibe die Wörter mit *ä* ab und setze die Einzahl dazu.
Überschrift: *Namenwörter mit ä*
*die Stäbe – der Stab*

### Reimwörter

| Stamm | Gras | Wand | Schaden | Zahn |
|-------|------|------|---------|------|
| K ... | Gl ...| H ... | L ...   | K ...|
| Schw ...|    | St ... |       | H ...|

✎ 2 Suche die Reimwörter und bilde die Mehrzahl.

### Was gehört zusammen?

jagen   klagen   schlafen   tragen   schlagen

der Träger   der Kläger   der Schläger   der Jäger   der Schläfer

schlagen:
der Schläger
oder
der Schlager?

✎ 3 Schreibe so: *jagen – der Jäger, klagen ...*

### Sammelwörter

der Drachen · der Saurier · das Gras · jagen · der Jäger · schlafen
der Schläfer · gestern · das Papier · der Zahn · kämmen · die Zeit
früher · erklären · damals · wissen · er wußte · groß · der Name · nämlich

## Saurier und Drachen

### Dinosaurier

... galten Dinosaurier als graue, dumme und langsame Tiere.
... malte man sie eintönig graugrün und braun. ... wissen
wir es besser. ... gibt es Poster, auf denen die Saurierköpfe blau,
rot und gelb schimmern. ... behaupten einige Forscher sogar,
daß sie singen konnten. Im Vergleich zu ... weiß man heute
viel besser über Saurier Bescheid.

inzwischen
heute
mittlerweile
früher
noch vor zehn Jahren
lange Zeit

1  Setze die passenden Wörter ein und schreibe den Text ab.
   Beachte die Großschreibung am Satzanfang.

### „Sie!!!"

Durch unsere Gegend spazierte,
die Landschaft mit Tritten verzierte
ein Saurier, hoch und dick
wie eine Fabrik.

Mir blieb die Spucke weg:
Solch ein Vieh!
Doch als er mir durch die Radieschen
marschierte, da rief ich: „Sie!!!"

*Josef Guggenmos*

2  Lest das Gedicht. Spielt es.

3  In welcher Zeitstufe spielt das Gedicht?
   Du erkennst es an der Form des Tunworts.

4  Das Gedicht soll in der Gegenwart spielen.
   Schreibe es neu:  „*Sie!!!*"
   　　　　　　　　*Durch unsere Gegend spaziert,*
   　　　　　　　　...

5  Vergleicht beide Gedichte. Stellt ihr Unterschiede fest?

## Saurier und Drachen

**Übungstext**

**Menschen und Drachen**

Vor unendlich langer Zeit wußten die Menschen nicht,
wie es Tag und Nacht wird. Sie konnten sich nicht erklären,
warum der Mond verschwindet und warum es Frühling, Sommer,
Herbst und Winter wird. Darum glaubte man an einen Drachen,
der alles steuert. Wenn ein Unglück geschah, gaben die Menschen
dem Drachen die Schuld. Der Name *Drache* kommt aus dem
Griechischen. Er bedeutet: *scharf blicken* oder *furchtbar blicken*.
In China sind Drachen meistens gute Wesen.

Linda hat
diese Zeichnung
mit in die Schule
gebracht.
Die Kinder wollen
eine Geschichte
dazu erfinden.
Sie sammeln
Vorschläge.

Nico:   Der Saurier kann sprechen. Er erzählt, wie er in die Schule gekommen ist.
Jana:   Viele Menschen kommen in die Klasse, um den Saurier zu sehen.
David:   Der Saurier nimmt am Sportfest teil. Beim Wettlauf ist er ganz langsam. Aber beim Korbball ...
Anna:   Er möchte wieder zurück zu seinen Saurier-Freunden.

1  Denke dir eine Geschichte aus. Entscheide, ob du das Bild als Anfang, Hauptteil oder Schluß verwenden willst.

2  Schreibe deine Geschichte.

3  Lest euch eure Geschichten vor. Sprecht darüber.

4  Gestaltet mit euren Geschichten ein Buch.

## Angst und Mut

### Niki und das Dreimeterbrett

Seitdem Niki schwimmen gelernt hatte, ging er oft mit den anderen Kindern in die Badeanstalt. Sie lag ganz in der Nähe und war das Schönste vom ganzen Sommer. Niki schwamm wie ein Fisch. Er tauchte, schlug Purzelbäume, planschte und prustete. Am liebsten wäre er den ganzen Nachmittag im Wasser geblieben. Nur vor einem fürchtete er sich: vor dem Sprungturm. Und deshalb bekam er einen gewaltigen Schreck, als der große Bernd sagte: „Los, heute springen wir alle vom Dreimeterbrett."

*Irina Korschunow*

1 Wie könnte die Geschichte weitergehen?

2 Hast du das auch schon erlebt? Erzähle darüber, wenn du möchtest.

3 Was meint ihr zu Nikis Verhalten? Sprecht darüber im Gesprächskreis.

zu Bildern erzählen **Texte**
zu einem vorgegebenen Schluß eine Geschichte schreiben **verfassen**

### *Angst und Mut*  71

So endet die Geschichte von Niki:

> Als der große Bernd am nächsten Tag grinsend sagte:
> „Spring mal vom Dreimeterbrett, du Feigling!",
> da kletterte Niki seelenruhig hinauf. Es machte platsch,
> und bevor Bernd seinen Mund zugeklappt hatte,
> schwamm Niki schon unten im Wasser.

1 Wie konnte Niki seine Angst überwinden?
  Überlegt euch, was Niki und Opa im Schwimmbad gemacht haben.

2 Schreibe Nikis Geschichte.
  **Oder:** Überlegt euch Geschichten, auf die dieser Schluß paßt:
  *Mein Vater klopfte mir auf die Schulter und sagte: „Da warst du aber mutig."*
  Schreibe deine Geschichte. Finde auch eine Überschrift.

**Sprache untersuchen** — Vergleichsstufen kennenlernen

## Angst und Mut

Die Kinder der Klasse 3b geben zum Schulfest eine Zirkusvorstellung. Alle sind sehr aufgeregt, manche etwas ängstlich, weil sie vor so vielen Leuten auftreten sollen.

- Hoffentlich spricht Philipp lauter als sonst.
- Wir können nicht anfangen, die Zuschauer sind noch so laut.
- Anna war beim Probespringen sehr mutig.
- Die anderen Springer könnten ruhig noch etwas mutiger werden.

1 Lies die Gespräche. Achte besonders auf die Wiewörter. Was fällt dir auf?

### Die Vorstellung beginnt

Sascha jongliert mit zwei Bällen. Sie wirbeln schnell durch die Luft. Noch schneller geht es mit drei Bällen, aber am schnellsten arbeitet er mit vier Bällen. Dann kommen die starken Gewichtheber Nele, Mathias und Sandra.

2 Wie wird Saschas Leistung beschrieben? Suche die Vergleiche im Text.

3 Schreibe den Text ab. Unterstreiche die unterschiedlichen Formen des Wieworts *schnell*.

---

Mit Wiewörtern kann man vergleichen.

| Nele ist *stark*. | Mathias ist *stärker*. | Sandra ist am *stärksten*. |
| Grundstufe | 1. Vergleichsstufe | 2. Vergleichsstufe |

Wörter mit Auslautverhärtung üben
Lösungshilfen anwenden  **Rechtschreiben**

### Angst und Mut   73

Von der Zirkusvorstellung der Klasse 3b waren alle begeistert:

Jörg:   Die Nummer mit den Meerschweinchen war lusti☐.
Nana:   Bei den Clowns mußte ich lau☐ lachen.
Silke:  Die Trampolinspringer fand ich muti☐.
Peter:  Bei der Pyramide war es ganz ruhi☐ im Saal.

1   Lies den Text. Überlege, welchen Buchstaben du bei den
    Wiewörtern ergänzen mußt. Tobi hat eine Lösung gefunden.
    Er verlängert das Wort: muti☐ – mutiger – mutig, …

2   Schreibe den Text auf. Kennzeichne bei den Wiewörtern
    den Buchstaben, den du ergänzt hast.

### Welche Wörter passen zusammen?

al☐   Brot   bun☐   Milch   leich☐   Banane   trü☐   Lösung
Fahrrad   run☐   Blätter   kal☐   Aufgabe   gel☐   Wetter   klu☐

3   Suche zu jedem Wiewort ein passendes Namenwort.
    Schreibe: *trüb – das trübe Wetter, …*

### Pech gehabt

Julia ist trauri☐. Weil sie sich beim Turnen verletzt hatte,
konnte sie nicht zum Schulfest gehen. Dabei war sie so neugieri☐ auf
Sebastians Zaubertrick. Beide hatten fleißi☐ geübt, um ihn vorzuführen.
Sebastian tröstet Julia: „Wenn du gesun☐ bist, proben wir neue Tricks.
Beim nächsten Fest wollen wir gu☐ vorbereitet sein."

4   Schreibe den Text mit den richtigen Endbuchstaben auf. Mache die Lösungsprobe.

**Sammelwörter**

stark · bunt · klug · hart · gesund · der Berg · der Wind · bald
leuchten · hoch · höher · gut · besser · der Schlüssel · das Schloß
stehen · er stand · meistens · schlecht · schlimm · verletzen · weinen
fehlen · das Licht · ohne · ( die Angst · der Mut · mutig)

## 74 Angst und Mut

### Rekorde aus dem Guiness-Buch

**Alte Menschen:**
Frau Thomas, USA: 1867–1980
Herr Shigechiyo, Japan: 1865–1980
Herr Gnieser, Deutschland: 1876–1980

**Schwere Menschen:**
Frau Pearl, USA: 391,1 kg
Herr Lang, USA: 538 kg
Herr Jackson, USA: 381 kg

1 Vergleicht die Angaben und sprecht darüber.

2 Schreibe Sätze: <u>Mit Wiewörtern vergleichen</u>
Herr Gnieser wurde sehr <u>alt</u>.
Frau Thomas wurde <u>älter</u>.
...
Unterstreiche die Wiewörter.
**Oder:** Sucht in Gruppen weitere Beispiele für Vergleiche.
Schlagt im Guiness-Buch der Rekorde nach, in Sportzeitschriften, in Lexika ...
Tragt eure Ergebnisse vor.

*Kann man Farben auch vergleichen? blau, blauer ...?*

### Beim Sportfest

Anna und Max gehen gemeinsam zum Sportplatz.
Sie gehören zu verschiedenen Gruppen, denn Anna ist ... als Max.
Beide haben ... geübt. Anna kann ... springen, aber Max läuft ...
Da begegnet ihnen Florian. Er ist der ... Sportler in Annas Klasse.
Die drei sind ... Freunde. Sie hoffen alle auf eine Urkunde.

höher
älter
schneller
fleißig
gute
beste

3 Schreibe den Text und setze die passenden Wiewörter ein.

### Knobelei

Isabel läuft <u>schneller als</u> Kati, aber nicht <u>so schnell wie</u> Tobi.
Tobi ist <u>größer als</u> Isabel, aber nicht <u>so groß wie</u> Kati.
Kati schreibt <u>schöner als</u> Tobi, aber nicht <u>so schön wie</u> Isabel.

4 Wer läuft am schnellsten, wer ist am größten, wer schreibt am schönsten?
Schreibe: *Kati läuft schnell. Isabel ...*
**Oder:** Überlegt selbst solche Knobeleien. Zum Beispiel mit *klein, schwer, ...*

**Angst und Mut** 75

### Übungstext

### Sonntagsausflug

Am Sonntag wandern Marie und Timo
mit ihren Eltern zur alten Ritterburg. Sie liegt
hoch oben auf dem Berg. Die Aussicht ist prächtig.
Der Himmel wird plötzlich dunkel, der Wind
weht stark. Der Donner hallt durch die alten Mauern.
Marie gibt ihrer Mutter die Hand, weil sie Angst hat.
Sie stellen sich unter einen Mauervorsprung
und warten ab. Langsam wird der Himmel hell.
Das Unwetter ist vorbei.

1 Bei den unterstrichenen Wörtern mußt du aufpassen.
  Sprich die Wörter. Achte auf den Endbuchstaben.
  Was hörst du, was schreibst du?

2 Schreibe die unterstrichenen Wörter und die Lösungshilfe auf:
  *die Ritterburg – die Ritterburgen*

### Der geheimnisvolle Fun☐

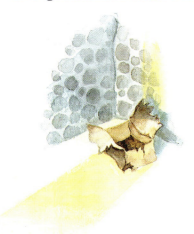

Marie und Timo laufen im Hof der Bur☐
herum. Da sieht Marie etwas im San☐ liegen.
Sie he☐t es auf. Es ist ein Schlüssel mit einem
verrosteten Bar☐. Er ist schon sehr al☐.
Marie zei☐t ihn Timo. Timo überle☐t:
„Vielleicht paßt dieser Schlüssel zu einer
Schatzkammer?" Die Kinder sind aufgere☐t.
Sie probieren ihn aus. In ein Schloß paßt er.
Die Tür bewe☐t sich leich☐t. Der Raum ist
ohne Lich☐ und kal☐. In einer Ecke lie☐t
ein zerrissener Karton ...

3 Entscheide: *b oder p; d oder t; g oder k*. Wende die Lösungsproben an.
  Schreibe den Text ab.

4 Überlegt, was in dem zerrissenen Karton sein könnte.
  Denkt euch Sachen aus und schreibt sie auf.
  **Oder:** Schreibe einen Schluß zu dieser Geschichte.

**Miteinander sprechen** ein Projekt planen

## Baum-Woche

Für diese Woche haben die Kinder der Klasse 3 das Thema „Bäume" gewählt. In Gruppen besprechen sie, was sie vorhaben.

- Gedichte über Bäume aufschreiben
- Bilder aus gepreßten Blättern kleben ist auch schön.
- Ein Ratespiel über Bäume und Blätter macht Spaß.
- Wir können Baum-Bilder ausschneiden und sie aufhängen.
- Wollen wir einen Waldspaziergang machen und Bäume beobachten?
- Wir sammeln Zweige, Blätter, Rinde und Moos und machen eine Ausstellung.

Es gibt noch mehr Möglichkeiten, wie man eine Baum-Woche gestalten kann.

1 Überlegt gemeinsam in der Gruppe. Sammelt eure Ideen.

✎ 2 Macht einen Plan für eure Baum-Woche.

### Arbeitsplan für unsere Baum-Woche

| Montag | Dienstag | Mittwoch | Donnerstag |
|---|---|---|---|
| Spaziergang im Wald: <br> – Rinde, Zweige, Blätter sammeln <br> – mein Lieblingsbaum | Baumgedichte <br> – sammeln <br> – lesen <br> – aufschreiben Schmuckblatt! | Lehrgang mit dem Förster | Plakate über Bäume gestalten |
| Blätter pressen | Bilder zu den Gedichten malen | Wir säubern den Wald | Informationen aufschreiben. Sachbücher aus Bücherei, Klassenbücherei, … |
| Rinde und Zweige beschriften | | | |

Geschichten zum Thema „Baum"
Wörtersammlung anlegen **Texte**
Erzählspur wählen **verfassen**

## *Baum-Woche* 77

Auf dieser Seite findest du Beiträge von Kindern für ein Baum-Buch.

**Mein Baum**
Mein Baum steht im Wald hinter der Schule. Sein Stamm hat einen Umfang von 74 cm. Die Rinde ist glatt. Mit der Lupe habe ich …

**Mein Baumhaus**

1 Beschreibe deinen Lieblingsbaum.
   **Oder:** Schreibe eine Geschichte zu dem Foto.

2 Erfinde eine eigene Baumgeschichte.
   Du kannst diese Wörter verwenden:

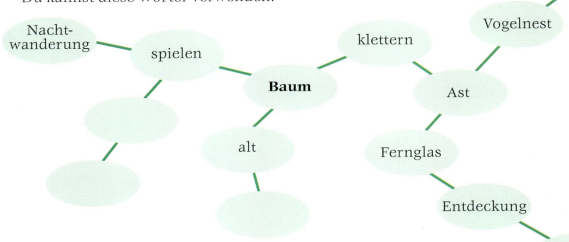

**Oder:** Erweitere die Wörtersammlung und wähle deine Erzählspur.
**Oder:** Schreibe eine eigene Wörtersammlung zu dem Wort *Baum* oder *Wald*.

# Baum-Woche

## Das Baumsuchspiel

Michael ist mit Philipp im Wald. Sie wollen sich mit einem Spiel die Zeit ...treiben. „Ich ...kläre dir das Baumsuchspiel", sagt Michael. „Sieh dir die Bäume genau an. Wähle einen Baum aus und untersuche ihn. Jetzt ...binde ich dir die Augen, und du mußt ...suchen, deinen Baum zu ...kennen. ...fühle die Rinde und den Stamm. ...taste die Zweige und Blätter. Ich achte darauf, daß du keine Pilze ...trittst. Kannst du deinen Baum ...raten?"

be   er   ver   zer

1 Schreibe den Text ab. Finde zu den Tunwörtern die passenden Wortbausteine.

## Kreiselwörter

2 Kreisele und bilde neue Tunwörter.

treten   suchen
stellen   raten

## Welches Tunwort paßt?

Die Kinder ..., was sie in ihrer Baum-Woche machen wollen.
Sie ... den Förster. Der Förster ... die Klasse in den Wald.
Die Waldschonung dürfen sie nicht ...
Anna kann sich nicht ..., daß die große Eiche krank ist.
Peter entdeckt eine Ameisenstraße. Er will die Ameisen nicht ...

3 Welche der gekreiselten Wörter kannst du in den Text einsetzen? Untersuche und probiere aus, was paßt.

4 Schreibe den Text mit den passenden Tunwörtern auf.

## Der Spatz

Der kleinste Spatz im Spatzennest,
der machte ein Geschrei,
bis die Spatzenmutter kam
und brachte Futter herbei.
Und kaum hat er Federn, guckt er aus dem Spatzennest heraus,
und er flattert eines Tages in die weite Welt hinaus.
Und er flattert auf den Hof in eine schöne große Pfütze,
wo die andern Spatzen sitzen, sich im Pfützenwasser spritzen.

*Fredrick Vahle*

1  Lies den Text. Sprich dabei die Wörter mit *tz* besonders deutlich.
   Wie sprichst du den Selbstlaut vor dem *tz*?

2  Schreibe die Wörter mit *tz* auf.

**Reimwörter**   Spatz   Sitz   Katze   Mütze   spritzen   Schmutz
S...   Bl...   T...   St...   s...   Sch...
Sch...   W...   Gl...   Pf...   bl...   P...

3  Schreibe die Reimwörter auf. Setze vor die Namenwörter den Begleiter.
   Kennzeichne den kurzen Selbstlaut vor *tz*.

## Welche Wörter fehlen?

Zwei ... ... auf einem Baum. Eine ... schleicht heran. Mit
einem großen ... springt sie auf den nächsten Ast. Sie schlägt
mit ihren ... nach den beiden ... und vertreibt sie von ihrem ...

Tatzen
Katze
Platz
Satz
sitzen
Spatzen

4  Setze die passenden Wörter ein und schreibe den Text ab.

**Sammelwörter**

der Blitz · die Mütze · der Schmutz · der Regen · blitzen · spritzen
binden · sammeln · klettern · regnen · fertig · plötzlich
jetzt · zuletzt · putzen · der Platz · hinaus · hinein · heraus · herein
das Futter · stellen · die Stelle

## Baum-Woche

### Unsere Baumschule

Vor einigen Tagen haben wir neue Baumpflanzen ... Damit sie nicht ..., mußten wir sie schnell ... Jeden Tag gießen wir nun die jungen Bäume, damit sie gut ... Wenn wir uns die zarten Wurzeln ..., können wir ..., daß die Pflanzen nicht lange ohne Wasser ...

kommen    wachsen    stehen    pflanzen    sehen    trocknen

✏ 1  Bilde mit den Wortbausteinen neue Tunwörter und schreibe sie auf.

✏ 2  Ergänze den Lückentext. Wähle passende Tunwörter aus.

### Baumwörter

Christbaum
Baumsäge
Maibaum
Laubbaum
Lebensbaum
Richtbaum
Baumkrone

🐞 3  Manche Baumwörter haben mit Festen zu tun. Informiere dich über diese Bäume und die Feste. Berichtet im Erzählkreis.

✏ 4  Schreibe die zusammengesetzten Namenwörter mit *Baum-* und *-baum*. Schreibe sie mit dem Begleiter auf.
**Oder:** Malt oder klebt oder ... einen großen Baum. Schreibt eure Baumwörter in den Baum.

*Baum-Woche* 81

### Übungstext

**Unser Baumhaus**

Endlich ist unser Baumhaus fertig. Zwei Tage haben wir daran gearbeitet. Zuerst sammelten wir viele Zweige. Mit einer Schnur banden wir die Zweige zwischen den Ästen einer Buche fest. Mit kleinen Blättern und Zweigen machten wir das Dach dicht. Zuletzt hängten wir noch einen Sack vor den Eingang. Jetzt sieht unser Baumhaus aus wie ein Zelt im Baum. Plötzlich beginnt es zu regnen. Schnell klettern wir in unser Baumhaus. Wir bleiben so lange sitzen, bis der Regen wieder aufhört.

1 Schreibe zehn Wörter aus dem Text, die eine besondere Schwierigkeit haben. Kennzeichne die schwierige Stelle.
**Oder:** Schreibe diese Wörter dreimal farbig untereinander.

2 Präge dir die Sätze ein, die mit *Endlich ...*, *Zuletzt ...*, *Jetzt ...* und *Plötzlich ...* beginnen. Schreibe sie auswendig auf. Kontrolliere genau.

**Waldsterben**

Baum Baum Baum Baum Baum
Baum Baum Baum Baum
Baum Baum Baum
Baum Baum
Baum
Baum            *Hans Manz*

Zu fällen einen schönen Baum
braucht's eine halbe Stunde kaum.
Zu wachsen, bis man ihn bewundert,
braucht er, bedenk' es, ein Jahrhundert.
                        *Eugen Roth*

3 Lies die Baumtexte. Wähle aus und schreibe oder drucke ein Gedicht.
**Oder:** Schreibe und male ein eigenes Baumgedicht für das Baum-Buch.

## Die Kaulquappe

Die Kaulquappe schwänzelt im Teich herum
und weiß alles besser.
Vor allem die Frösche findet sie dumm,
die Fliegenfresser.
"Wenn ich seh, wie sie hopsen, da kann ich nur lachen.
An Land ist es öde.
Und wenn sie verliebt sind und Quellaugen machen!
Mir wär das zu blöde.
Das Komischste find ich, im Chor zu koaxen.
Da bin ich gescheiter."
"Auch dir", sprach der Frosch, "werden Beine wachsen,
dann reden wir weiter."

*Michael Ende*

1 Denke darüber nach, was der Frosch sagt.

2 Aus der Kaulquappe wird ein Frosch.
Sammelt Informationen und berichtet darüber.

3 Warst du schon einmal an einem Teich?
Welche Tiere konntest du dort beobachten? Erzähle!

4 Im oder an einem Teich leben noch andere Tiere.
Bildet Expertengruppen zu den einzelnen Tieren und berichtet darüber
in der Klasse.

5 Schreibe und gestalte das Gedicht als Schmuckblatt.
**Oder:** Stellt in der Gruppe eine Teich-Collage her.

Informationen strukturieren
eine Stichwortliste schreiben
Informationen sammeln

**Texte schreiben**

## Tiere am und im Wasser 83

Bei einem Ausflug der Klasse 3 zum Erlachsee interessierten sich Tatjana, Julia und Michael besonders für die Stockenten. Für ihren Bericht vor der Klasse sammelten sie Informationen aus Büchern und notierten sie in einer Stichwortliste.

Die **Stockente** ist die häufigste aller Entenarten. Sie lebt an Flüssen, Bächen und Seen.
Das männliche Tier heißt Erpel. Es hat ein buntes Gefieder, einen grünen Kopf mit einem weißen Ring um den Hals und einen gelben Schnabel.
Das Weibchen hat ein bräunliches Gefieder.
Die Stockente kann gut fliegen und mit ihren Schwimmflossen schnell schwimmen.
Mit ihrem Siebschnabel nimmt sie ihre Nahrung aus dem Wasser auf. Sie frißt Würmer, Schnecken und Pflanzen.
Die Stockente brütet 10–12 Eier aus. Die Brutzeit dauert 28 Tage.
Die Jungen werden schon bald nach dem Ausschlüpfen von der Mutter ins Wasser geführt.

Die Stockente

Lebensraum:
Flüsse, Bäche, Seen

Aussehen:
Erpel hat ein buntes Gefieder, ...
Ente hat ein bräunliches Gefieder.

Fortbewegung:
schwimmt schnell, ...

Nahrungsaufnahme: ...

Jungen: ...

1 Schreibe mit Hilfe des Textes Stichwörter zur Stockente auf.
   **Oder:** Sucht euch Sachtexte zu anderen Tieren. Schreibt eine Stichwortliste, damit ihr euer Tier vorstellen könnt.

2 Informiert euch über Tiere, die im Wasser oder am Wasser leben.
   Schreibt die wichtigsten Informationen auf Karteikarten. Legt eine eigene Tier-Kartei an.

Tiere am Wasser   Der Wasserfrosch

Größe: 9 bis 12 cm.
Meist grüner, gefleckter Frosch, stärker an das Wasser gebunden als die Braunfrösche. Das Männchen stößt beim Rufen zwei Schallblasen aus.

**Sprache untersuchen** — Wiewörter mit den Wortbausteinen *-ig* und *-lich*

## 84 *Tiere am und im Wasser*

### Tierrätsel

Wenn sie kriecht, hinterläßt sie eine schleimige Spur.

Sie ist schlüpfrig. Die Wanderung zu ihrem Laichgewässer ist sehr gefährlich.

Sie schwimmt in Flüssen und Bächen und liebt einen steinigen Grund.

1 Lies deinem Partner ein Tierrätsel vor. Kann er es erraten?

2 Schreibe die Rätsel auf und unterstreiche die Wiewörter.

3 Welche verwandten Wörter stecken in den Wiewörtern? Unterstreiche den Wortstamm. Schreibe: *gefährlich – Gefahr*
*beweglich – bewegen*

Er ist sehr beweglich und kann mit seinen Beinen auf dem Wasser laufen.

4 Stelle selbst Rätsel her über Tiere am Wasser.

---

| die Farbe | der Tag | die Angst | die Sonne | der Schmutz |

| der Hunger | der Freund | das Jahr | der Durst | das Herz |

5 Bilde Wiewörter mit *-ig* oder *-lich*:   *Wiewörter mit -ig und -lich*
 *die Farbe – farbig*

### Am Wasser

Jeden <u>Tag</u> kommen Rehe zum Wasser.
Die Jungen der Bachstelze haben immer großen <u>Hunger</u>.
Die Libelle schillert in vielen <u>Farben</u>.
Eidechsen lieben Tage, an denen die <u>Sonne</u> scheint.
Die Tiere meiden Gewässer, in denen es viel <u>Schmutz</u> gibt.

6 Verändere die Sätze. Ersetze die unterstrichenen Namenwörter durch ein verwandtes Wiewort mit *-ig* oder *-lich*.

Wörter mit *Qu/qu* üben  **Rechtschreiben**

## *Tiere am und im Wasser*  85

## Kurze Pause

Die Kinder steigen 🐸 aus dem Bus und 🐸
die Straße. Schnell rennen sie 🐸 über die Wiese.
Dort unten entdecken sie einen Bach mit einer 🐸.
Felix und Anne ziehen schnell Turnschuhe und
Socken aus. Sie waten durch das kalte Wasser
und spritzen die anderen naß. Die Kinder 🐸
und lachen. Petra ruft: „Macht keinen 🐸, ihr 🐸!"
Sie setzt sich 🐸 ins Gras und sieht einem Frosch zu,
der auf einem Stein sitzt und 🐸.

quer
quietschvergnügt
Quelle
bequem
quaken
Quatsch
überqueren
quietschen
Quatschköpfe

1  Lies den Text und setze passende Wörter ein.
2  Schreibe den Text auf. Kennzeichne *Qu/qu* farbig.
3  Suche aus dem Wörterbuch 15 Wörter mit *Qu/qu* und schreibe sie auf.
4  Spielt mit den *Qu/qu*-Wörtern ein Wörterbingo.

## Quell-Wörter

Heil- -e    hervor- -en    die -e    -en
        Gebirgs- -e
das -wasser                    -frisch

5  Schreibe die Wörter mit dem Wortstamm **Quell/quell** auf.

### Sammelwörter

der See · die Quelle · farbig · quer · beobachten · ähnlich · der Bericht
berichten · bewegen · der Fisch · der Punkt · pünktlich · das Tier
nächste · richtig · die Pause · rennen · tanzen · fassen · naß · jung
(der Bach · das Ufer · der Frosch · steinig · quaken)

## Tiere am und im Wasser

### Am See

Heute gehen Lisa und Tom
in den Stadtpark. Sie wollen
die Enten füttern. ... kommen
die Tiere angeschwommen.
Sie fassen ... nach dem Brot.
Die Kinder lachen. Es sieht ... aus,
wenn die Enten übereinanderpurzeln.
Nur ein Schwanenpaar kommt nicht.
Es zieht ... in der Mitte des Sees seine Kreise.
Jetzt gehen Lisa und Tom weiter.
Sie müssen ... zu Hause sein.

| gierig | ruhig | pünktlich | eilig | lustig |

1 Schreibe den Text ab und setze passende Wiewörter ein.

### Wiewörter mit dem Baustein *un-*

Anne ist nicht glücklich. Sie ist *un*glücklich.

Lisa und Tom sind nicht pünktlich. Sie sind *un*pünktlich.

Ist das Gegenteil von lustig unlustig?

2 Untersuche die Sätze. Welche Bedeutung hat der Baustein *un-*?

### Schreibe kürzer

Petra ist nicht glücklich.   Die Bedienung ist nicht freundlich.

Felix ist nicht geduldig.   Die Klasse ist nicht ruhig.

Das Wasser des Sees ist nicht sauber.   Das Spiel ist nicht bekannt.

3 Schreibe die Sätze ab. Verändere die Wiewörter durch den Baustein *un-*:
*Petra ist nicht glücklich. Petra ist unglücklich.*
**Oder:** Stelle ein Wörterdomino mit den Wortpaaren her.
Überlege dir dazu noch weitere Wiewörter, zu denen der Baustein *un-* paßt.

*Tiere am und im Wasser* **87**

## Übungstext

### Ausflug zum See

Die Kinder der Klasse 3 machen einen Ausflug zu einem kleinen See. Dort wollen sie Tiere am Wasser beobachten. Am steinigen Ufer des Sees bleiben sie stehen. Libellen tanzen über dem Wasser. Lange beobachtet Sonja einen kleinen Frosch, der vor ihr an einem schattigen Platz sitzt. Auch die Enten kommen angeschwommen. Jetzt setzen sich die Kinder auf die Steine und schreiben ihre Beobachtungen auf. Am nächsten Tag sollen sie in der Klasse über ihren Ausflug berichten.

Anne möchte mehr über Libellen wissen. Sie schaut in einem Tierlexikon nach.

### Libellen

Die Libelle ist ein räuberisches Insekt. Sie kann 3–10 cm lang werden. Sie hat fast durchsichtige schmale Flügel und einen dünnen und langen Hinterleib. Ihre riesigen Augen stoßen an der Oberseite des Kopfes zusammen. Libellen sehen sehr gut. Die Libelle lebt am Ufer von Teichen und Bächen. Die große Libelle kann sehr gut fliegen und in der Luft stehenbleiben. Ihre Beute fängt sie im Flug. Es sind vor allem Fliegen und Schmetterlinge.

Aussehen

Lebensraum

Fortbewegung

Nahrung

1 Schreibe wichtige Informationen über die Libelle in einer Stichwortliste auf. Berichte mit Hilfe der Liste vor der Klasse.
**Oder:** Gestalte ein Plakat mit Tieren, die du am Wasser beobachten kannst.

### Humorlos

    Die Jungen
        werfen
            zum Spaß
                mit Steinen
                    nach Fröschen.
                        Die Frösche
                            sterben
                                im Ernst.

*Erich Fried*

In den Ferien war Familie Stroppel in Österreich.
Dort haben sie eine Radtour gemacht. Unterwegs haben die
Kinder viele Wörter aufgeschnappt und gesammelt.

Nach dem Abendessen in der Ferienwohnung stellen die Kinder ihre Wörterbeute vor. Sören fragt: „Wißt ihr, was ein *Tafelklaßler* ist?" Sebastian sagt: „Ich habe beim Kaufmann *Topfen* und *Erdäpfel* gekauft." Sofie ergänzt: „In demselben Laden gab es auch *Karfiol*." Katrin seufzt: „Ich könnte schon wieder eine *Klobasse* essen." Mama sagt: „Morgen machen wir wieder eine Radtour, es ist hier ja *bretteleben*."

1 Versucht herauszufinden, was die Wörter bedeuten.
   Die Lösung findest du auf Seite 2.

2 Überall spricht man anders. Kannst du von eigenen Erlebnissen erzählen?

### Mei radl

I hob a radl griagd.
A rods radl mid ana
aufboganan lengschdaungan.
Und an stobliachd.

Christine Nöstlinger

### Mein Rad

Ich habe ein Fahrrad bekommen.
Ein rotes Fahrrad
mit einem Rennlenker
und einem Stoplicht.

3 Dies ist der Anfang eines Dialekt-Gedichts aus Österreich.
   Lies die Zeilen laut. Vielleicht bringst du einige Wörter heraus.

eigene Erlebnisse erzählen **Texte**
zu einem Thema phantasieren **verfassen**

*Radtour* **89**

## Hol dein Fahrrad aus dem Keller

Musik und Text:
Margit Künzel-Hansen

1. Hol dein Fahr-rad aus dem Kel-ler, pump ge-nü-gend Luft hin-ein, und dann schwing dich auf den Sat-tel, laß die Son-ne um dich sein.

1 So könnte eine große, kleine, kurze, lange Radtour beginnen.
Erzählt eigene Erlebnisse mit dem Fahrrad.

2 Bringt Fotos von einer Radtour mit. Erzählt dazu in kleinen Gruppen.
Ein Kind darf die Geschichte der ganzen Klasse vortragen.

## Fahrrad-Phantasien

Knubben
Brüsche
Bickbeere
Fangerl

Reifen   Wind
Hose   Ente
Bauer   Sonne
Öl   Bach
Nagel   Uhr

Landkarte  Sattel
Brunnen
Reh   Kino   Eiche
Regen   Geld
Rückstrahler
Pfütze

?

3 Jedes Kind schreibt auf einen Zettel 10 Wörter zum Thema „Radtour".
Laßt der Phantasie freien Lauf! Vermischt die Zettel.
Ziehe aus dem Haufen einen Zettel. Versuche möglichst viele Wörter
von diesem Zettel in einer Geschichte unterzubringen.

## Fahrrad-Geschichten

4 Ergänze passende Wörter.
Erfinde eine Geschichte, in der mindestens
drei der Wörter vorkommen.

5 Bildet Fünfergruppen.
Lest eure Geschichten vor und sprecht darüber.
Ergänzt, kürzt, erweitert ... die Geschichten.

**F**erien
**A**benteuer
**H**alteverbot
**R**...
**R**...
**A**...
**D**...

**Sprache untersuchen** — Sätze um Informationen erweitern

## 90 *Radtour*

Sebastian hat im Feriendorf einen französischen Freund gefunden. Der möchte ihn zu einer Radtour einladen. Er ist sehr wortkarg. Sebastian möchte aber gerne genaue Angaben haben.

| | |
|---|---|
| Wir fahren an den See. | An welchen See? |
| An den Neusiedler See. | Wann fahrt ihr? |
| Morgen. | Um wieviel Uhr? |
| Um 9.00 Uhr. | Mit dem Auto? |
| Nein, mit dem Fahrrad. | Fahren die Eltern auch mit? |
| Ja, wir fahren alle zusammen. | Und wenn es regnet? |
| Wir fahren nur, wenn das Wetter so schön bleibt. | |

✎ 1 Versuche so viele Informationen wie möglich in einem Satz unterzubringen. Probiere verschiedene Möglichkeiten aus.

### Ein Fall für die Polizei

Mein Fahrrad hat keine Rücktrittbremse. Einen Aluminiumlenker wollte ich auch nicht. Ich brauche keinen Dynamo an der Vordergabel. Den Sattel aus Kunstleder habe ich verschenkt.

, weil der Lenker aus Stahl viel stabiler ist.

, sondern zwei Felgenbremsen.

, weil die Lichtmaschine im Tretlager ist.

, nachdem ich einen aus echtem Leder bekommen habe.

, weil ich immer ganz langsam fahre.

, denn ich fahre nie nachts.

✎ 2 Erweitere die Sätze um passende Informationen auf den Streifen. Dann wird das Rad wieder verkehrssicher. Schreibe die erweiterten Sätze auf.

## Bummelzug durchs Donautal

„Am Sonntag können wir mit dem Bummelzug durchs Donautal fahren", sagt Sören, „ich habe in der Zeitung den Fahrplan gesehen. Abfahrt 9.00 Uhr. Es können auch Fahrräder mitgenommen werden." „Prima", sagt Sebastian, „wenn wir um 8.30 Uhr zu Hause abfahren, kommen wir rechtzeitig zum Bahnhof, um die Fahrkarten zu kaufen. Zurückfahren können wir um 17.00 Uhr."

1 Die blau gedruckten Wörter sind miteinander verwandt. Schreibe sie auf: Wortfamilie *fahren*

Die Wortfamilie *fahren* ist sehr groß. Manchmal wird aus dem *a* ein *ä*.

Einfahrt  Fahrzeug  Schifffahrt  losfahren  Gefährte  gefährlich  ausfahren  fahrbar  erfahren

2 Lege eine Tabelle an. Ordne die Wörter so:

| Namenwörter | Tunwörter | Wiewörter |
|---|---|---|
|   |   |   |

3 Erweitere die Wortsammlung. Suche auch im Wörterbuch.

## Hier wird gebaut

Bei der Radtour kommt Katrin an einer ... vorbei. Ein altes Haus war ... geworden. Es entsteht ein moderner ... Ein ... wird ... Die ... machen viel Lärm. Auch die Straße wird ... In einem halben Jahr soll das neue ... fertig sein.

ausgebaut  Baustelle  Neubau  Baukran  Baumaschinen  aufgebaut  baufällig  Gebäude

4 Schreibe den Text und setze Wörter aus der Wortfamilie *bauen* ein.

### Sammelwörter

das Fahrrad · die Familie · die Ferien · das Rad · langsam · die Eltern
der Kaffee · der Tee · finden · falsch · wandern · die Kanne · kochen
der Ort · müde · die Straße · verlieren · zusammen

## Radtour

### Lieber schlecht gefahren als gut gelaufen?

Die Menschen haben viele Fahrzeuge erfunden, um beweglicher zu werden:

1 Wo werden diese Fahrzeuge eingesetzt? Ordne sie nach dem Einsatzort:

| Zu Lande | Zu Wasser | In der Luft |
|---|---|---|
|  |  |  |

2 Suche einen gemeinsamen Namen für jede der Wörtersammlungen.
Schreibe so:   *Fahrzeuge zu Lande heißen Landfahrzeuge.*
                      *Fahrzeuge zu Wasser ...*

Rollschuhe, Dreirad und Skateboard sind ... ?

### Für eine große Radtour braucht man dies und das

Kaffee   Anorak   Kuchen   Fruchtsaft   Pullover   Tee
Knäckebrot   Zange   T-Shirt   Mineralwasser
Kekse   Schere   Jeans   Brötchen
Schraubenzieher   Schraubenschlüssel

3 Für je vier dieser Namenwörter gibt es einen Sammelnamen.
Versuche Sammelnamen zu finden.

4 Bildet Fünfer-Gruppen. Schreibt die Wörter mit den dazugehörigen
Sammelnamen auf eine Karte. Vermischt die Karten und nehmt reihum eine
Karte von dem Stapel. Wer zuerst ein Quartett beisammen hat, ist Sieger.

**Radtour** 93

### Übungstext

**Schöne Ferien**

Sebastian verbringt die Ferien mit seinen Eltern auf dem Lande.
Jeden Tag ist die Familie mit dem Fahrrad unterwegs oder wandert.
Sebastian kann schon die Karte lesen. Er paßt auf, daß sie nicht
den falschen Weg wählen. Heute machen sie Rast an einem Waldsee.
Auf dem Rückweg führt die Straße bergan. Müde treffen sie im Ferienort ein.

**Die Radtour**

Sebastian und sein
französischer Freund
laden zu einer Radtour ein.

Wer hat Lust, **heute nachmittag** – *cet après-midi* –
einen Ausflug zu machen?

Wir wollen **mit dem Fahrrad** – *à vélo* – fahren.

**Wer kommt mit** – *Qui vient?*

Bringt **einen Ball** – *un ballon* – mit!

Wir treffen uns um 15 Uhr **vor dem Kiosk** – *devant le kiosque*.

1  Lege eine Wörterliste an:

   Ⓓ                Ⓕ

   *heute nachmittag*      *cet après-midi*

## Rechtschreibkurs — Wörter mit langen und kurzen Selbstlauten

**Bei den Zwergen**

Die Zwerge k**e**hren von der Arbeit heim. In ihrer kleinen H**ü**tte ist der Tisch schon ged**e**ckt. An jedem Pl**a**tz stehen T**a**sse und T**e**ller, daneben liegen L**ö**ffel, M**e**sser und G**a**bel. Im Kr**u**g ist frisches W**a**sser. Nach dem **E**ssen r**u**hen sich die Zwerge aus. Sie l**e**gen sich m**ü**de in die Betten und schl**a**fen ein.

1 Lies den Text und achte auf den Klang der Selbstlaute und Umlaute, die farbig gekennzeichnet sind.

2 Ordne diese Wörter in eine Tabelle:

| lang | kurz |
|---|---|
| k_ehren | H·ütte |

3 Lies die Wörter der Tabelle nochmals.
Überlege dir Handzeichen für kurz und lang.
**Oder:** Wähle ein Instrument, das lang oder kurz klingt, und begleite damit die Wörter.

Beet — Bett
Füller — Fühler
Ofen — offen
Schiff — schief
Schal — Schall
Hüte — Hütte

4 Sprich die Wörter deutlich und achte auf die betonten Selbstlaute und Umlaute. Begleite das Sprechen durch Handzeichen oder Instrumente.

5 Schreibe die Wortpaare auf. Kennzeichne den betonten Selbstlaut oder Umlaut.

# Wörter mit aa, ee und oo

**Rechtschreibkurs** 95

## Wörterschieber

1 Bilde Wörter mit dem Wörterschieber und schreibe sie auf: *Paar, …*
Sprich die Wörter mit *aa*, *ee* und *oo* besonders deutlich.
Kennzeichne die langen betonten Selbstlaute durch Handzeichen.

| S | | |
|---|---|---|
| H | | |
| F | ee | |
| M | aa | l |
| Schn | oo | r |
| P | | e |
| T | | r |
| Z | | s |
| B | | t |
| W | | ge |

## Zusammengesetzte Namenwörter

Kaffee + Kanne / Tasse / Dose / Beutel
Tee

Haar + Reifen / Spange / Schleife   Bürste + Farbe / Schnitt

Segel / Ruder / Motor + Boot

2 Bilde zusammengesetzte Namenwörter und schreibe sie auf: *Kaffeekanne, Kaffee…*

## Paar oder paar?

ein Paar Socken | ein paar Bälle | ein paar Blumen | ein Paar Schuhe | ein Paar Handschuhe | ein paar Handschuhe

3 Finde heraus, wann du *Paar* oder *paar* verwendest. Überlege dir eine Regel.

Rollschuhe  Autos  Kirschen  Hefte  Kinder  Strümpfe
Schi  Schlittschuhe  Bücher  Birnen  Stiefel  Häuser

4 Schreibe auf: *Paar oder paar?*
   ein Paar Rollschuhe, ein …

## Rechtschreibkurs — Wörter mit doppelten Mitlauten

**Wenn sich zwei Walrosse küssen**

Wenn sich zwei Walrosse
  küssen –
    wie die sich
      in acht nehmen müssen!
        Mit so einem Zahn
          ist schnell was getan ...
            Drum haben sie neulich beschlossen:
              Wir schütteln uns lieber
                die Flossen
                  und beschnuppern
                uns zart
              mit dem
                Walroßbart.

*Mira Lobe*

1. Lies das Gedicht. Sprich die Wörter mit doppelten Mitlauten besonders deutlich. Kennzeichne den kurzen Selbstlaut.

2. Schreibe das Gedicht ab und unterstreiche alle Wörter mit doppelten Mitlauten.

**Mein Freund**

Wir kennen uns seit der ersten Klasse. Jeden Morgen treffe ich meinen Freund. Zusammen gehen wir zur Schule. Manchmal vergesse ich meinen Schlüssel, dann sitze ich mit meinem Freund auf der Treppe und warte auf meine Mutter. Wenn das Wetter schön ist, rennen wir in den Wald und klettern auf Bäume. Manchmal sammeln wir auch Futter für meinen Hasen. Mit Vaters Fernrohr beobachten wir am Abend den Himmel. Wir haben auch schon eine Sternschnuppe gesehen. Ich finde, mein Freund und ich passen gut zueinander.

3. In dem Text findest du viele Wörter mit doppeltem Mitlaut. Schreibe die Wörter nach den Mitlauten geordnet heraus. Kennzeichne den kurzen betonten Selbstlaut: *Wörter mit doppeltem Mitlaut*
*kennen, rennen, ...*

**Wörter mit doppelten Mitlauten**   *Rechtschreibkurs* **97**

### Bilderrätsel

✎ 1 Schreibe die Reimwörter auf.
Kennzeichne den betonten Selbstlaut oder Umlaut.
**Oder:** Trenne die Wörter nach ihren Sprechsilben und schreibe sie auf.
Schreibe so:  *der Schlüs - sel,*
               *der Rüs - sel*

Welche Reimwörter kannst du nicht trennen?
**Oder:** Suche verwandte Wörter zu den Reimwörtern und schreibe sie auf:
*Verwandte Wörter*
*Schlüssel: das Schlüsselloch, der Schlüsselanhänger, ...*
*Schüssel: die Suppenschüssel, ...*

### Reimpaare

schaffen   brummen
pressen   messen   summen   schütteln
rennen   passen   knallen   treffen   fallen
rütteln   lassen   paffen

✎ 2 Bilde Reimpaare. Ein Kuckucksei ist dabei.
Kennzeichne den kurzen betonten Selbstlaut:
*Reimpaare*
*bru̇mmen*
*su̇mmen*

✎ 3 Trenne die Reimwörter nach Silben: *brum-men, mes-sen, ...*

✎ 4 Suche aus der Wörterliste 10 weitere Wörter mit einem doppelten Mitlaut.
Diktiert einander eure Wörter.

## Rechtschreibkurs — Wörter mit ck

**Zauberspruch**

Hokus pokus
hört mal her,
Zaubern,
das ist gar nicht schwer!
Einmal mit den Wimpern zucken,
zweimal kräftig runter...,
dreimal in die Arme zwicken,
viermal mit dem Kopfe ...
Ich muß dir nicht
die Daumen drücken,
jedes Kunststück wird dir ...

1 Vervollständige den Zauberspruch.

2 Sei selbst ein Zauberer und trage den Zauberspruch vor.

3 Erfinde einen Zauberspruch. Überlege dir Reimpaare:

**Oder:** Schreibe den Zauberspruch vollständig auf.

4 Untersuche in den Wörtern mit *ck* den Selbstlaut vor dem *ck*.

5 Trenne die Reimwörter: *schlecken – schlek-ken*

| Glok- | Dek- | Wek- | Schnek- | Dak- | Sok- | Brük- |
| ker | ke | ke | kel | ke | ken | ke |

6 Setze die Silbenkärtchen zusammen und schreibe die Wörter auf.
*Wörter mit ck*
*Glok-ke – die Glocke*

**Wörter mit tz**  *Rechtschreibkurs* 99

**Herr Matz und die Katze**

Als Herr Matz
    die Katze
        von ihrem Platze
            auf der Matratze
                vertrieb,
    beschloß die Katze,
        vor Wut am Platzen,
            Herrn Matz zu besteigen
                und ihm mit der Tatze
                    die Glatze
                      zu zerkratzen.
        Doch ließ sie es bleiben
            und war wieder lieb.

*Josef Guggenmos*

1   Lies das Gedicht laut vor.

2   Schreibe das Gedicht ab und kennzeichne *tz* farbig.

3   Untersuche den Selbstlaut vor dem *tz* und kennzeichne ihn.

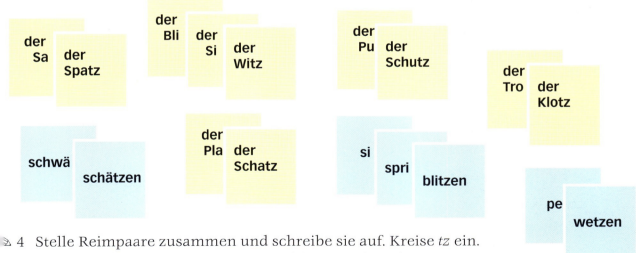

4   Stelle Reimpaare zusammen und schreibe sie auf. Kreise *tz* ein.
    Untersuche den Selbstlaut vor *tz* und kennzeichne ihn.

5   Schreibe die Reimwörter auf den blauen Karten nach Sprechsilben
    getrennt auf: *Wörter mit tz*
        schätzen, schät-zen,
        schwätzen, schwät-zen

## Wörter mit Eu/eu

### Besuch bei der Feuerwehr

In den Ferien besuchte Max mit seinen Freunden Johannes, Evi und Timo die Feuerwehr. Viele neugierige Kinder warteten vor dem Tor. Endlich durften sie die Wagenhalle mit den Fahrzeugen besichtigen. Besonders gefiel ihnen der neue Löschwagen mit der dicken Schlauchrolle. Evi war von dem Fahrzeug mit der langen Drehleiter begeistert. Danach stiegen sie in den hohen Schlauchturm, wo die Schläuche getrocknet werden. Plötzlich heulte eine Sirene. Sofort rannten die Feuerwehrleute zu ihrem Wagen, aber sie fuhren nicht weg. „Ist ein Feuer ausgebrochen?" fragte Timo aufgeregt. Aber der Kommandant lachte: „Nein, sonst wären jetzt schon alle Wagen weggefahren. Wir wollten euch nur zeigen, wie blitzschnell bei uns alles gehen muß, wenn wirklich ein Feuer ausbricht."

1 Berichte, was du über die Feuerwehr weißt.

2 Suche aus dem Text alle Wörter, in denen das Wort *Feuer* steckt und schreibe sie auf.

3 Ergänze deine Liste durch weitere Wörter, zum Beispiel: *anfeuern, Feuerstelle, …*

4 Suche aus dem Text alle Wörter mit *eu*. Schreibe sie auf und kennzeichne *eu* farbig.

5 Lege ein Wörterheftchen oder eine Wörterliste mit *Eu/eu*-Wörtern an.

6 Spielt ein Wörter-Bingo mit *Eu/eu*-Wörtern. **Oder:** Übt die Wörter als Partnerdiktat.

### Reimwörter

| treu | Eulen | Heu | Leute | Beute | Keule | neu | Eule |

| Beule | Feuer | scheu | teuer | heulen | Meute | heute |

7 Suche Reimwörter und schreibe sie auf. Kennzeichne *Eu/eu* farbig. Frage nach, wenn du die Bedeutung eines Wortes nicht kennst.

# Wörter mit X/x

**Rechtschreibkurs** 101

**Verhexte Wörter**

1 Schreibe die Wörter auf. Kennzeichne *X/x* farbig.

| Hexe | x | x |
|------|---|---|
|      | x |   |
|      | x |   |

oder

| Max | boxen |   |   |
|-----|-------|---|---|
|     | x     |   |   |
|     |       | x |   |
|     |       |   | x |

2 Spielt mit den *X/x*-Wörtern ein Wörterbingo.
  Ihr könnt ein Spielfeld mit 9 Feldern oder mit 16 Feldern aufzeichnen.

Taxi   Mixer   Praxis   Hexe   Boxer   Nixe   Lexikon

3 Suche verwandte Wörter:
  Taxi:   *Taxifahrer, Funktaxi, Taxizentrale, …*
  Mixer:  *Mixgetränk, mixen, Milchmix, …*

4 Lege dir ein Wörterheftchen an.

# Wortfamilien

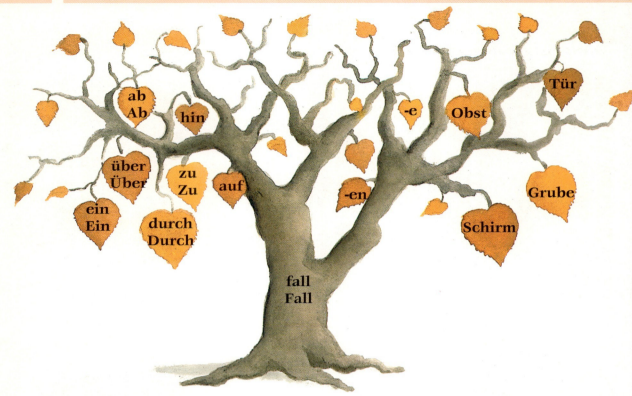

Wörter mit einem gemeinsamen Wortstamm gehören zu einer Wortfamilie.

1. Bilde Wörter. Überschrift: <u>Wortfamilie *fallen*</u>.

2. Unterstreiche den Wortstamm **fall**.

3. Suche weitere Beispiele.
   **Oder:** Suche weitere Wörter mit dem Wortstamm *fall/fäll*.
   **Oder:** Suche Wörter mit dem Wortstamm *zahl/zähl*.

### Ein Fall von Umweltverschmutzung

Herr Schmutz hatte einen ... Er wollte seinen ... nachts von einer Brücke in den Fluß ... lassen. Durch ... wurde Herr Schmutz aber beobachtet. Einem alten Mann war der ... ... Er erzählte den ... seinem Enkelkind und sagte: „Ein klarer ... von Umweltverschmutzung".

| | |
|---|---|
| Vorfall | Einfall |
| fallen | aufgefallen |
| Abfallsack | Fall |
| Zufall | Abfall |

4. Schreibe den Text ab und setze die Wörter der Wortfamilie *fallen* ein. Unterstreiche den Wortstamm **fall**.

# Im Wörterbuch nachschlagen

**Rechtschreibkurs** 103

## Speisen aus dem Kochbuch

Apfelkuchen · Aal · Ananastorte
Blutwurst · Blaubeerkuchen · Brotsuppe
Eisbein · Erdbeermarmelade · Erbsensuppe
Nußkuchen · Nudelsuppe · Nektarineneis
Paprikaschnitzel · Petersilienkartoffeln · Pastetchen

1 Ordne die Speisen nach dem ABC.
Achte auch auf den dritten Buchstaben:
<u>Nach dem ABC ordnen</u>
Aal, ...
**Oder:** Sammelt eure Lieblingsspeisen und ordnet sie nach dem ABC.

2 Wenn du die Wörter nach dem ABC ordnest, entstehen Sätze.

## Wörter nachschlagen

Serkan schlägt Wörter im Wörterbuch nach. Zusammengesetzte Namenwörter zerlegt er in ihre Bestandteile und schlägt dann jedes Wort nach. Tunwörter sucht er unter ihrer Grundform.

Baumstamm · Blockflöte · Gänsemarsch
Lastkraftwagen · Jahrmarkt · er stand
sie gibt · wir kamen · er las · sie fuhr

Und wo steht „Fundsachen" im Wörterbuch?

**stecken,** er steckte, der Stecker
der **Steg,** die Stege
**stehen,** er stand
**stehlen,** sie stiehlt, sie stahl, gestohlen
**steif**
**steigen,** sie stieg, die Steigung

3 Suche die Wörter im Wörterbuch. Notiere die Seite, auf der du die Wörter gefunden hast. Arbeite wie Serkan:
<u>Wörter nachschlagen</u>
Baumstamm: der Baum (S. ...), der Stamm (S. ...)

**Wörterliste** Die in Klasse 3 hinzugekommenen Wörter sind **fett** gedruckt.

### A a
- der **Abend**, die Abende
- **ähnlich**
- **allein**
- **alt**
- **andere**
- **ändern**, er ändert
- der **Anfang**, die Anfänge
- **anfangen**, es fängt an
- der Apfel, die Äpfel
- der April
- die Arbeit, die Arbeiten
- arbeiten, sie arbeitet
- er **aß**
- die **Aufgabe**, die Aufgaben
- der August

### B b
- backen, er bäckt
- der **Bäcker**, die Bäcker
- die Bahn, die Bahnen
- bald
- der Ball, die Bälle
- die Bank, die Bänke
- das **Bein**, die Beine
- **beißen**, sie beißt
- **beobachten**, er beobachtet
- der **Berg**, die Berge
- der **Bericht**, die Berichte
- **berichten**, sie berichtet
- **besser**
- der **Besuch**, die Besuche
- **besuchen**, er besucht
- **bewegen**, sie bewegt
- das **Bild**, die Bilder
- **binden**, er bindet
- die Birne, die Birnen
- das Blatt, die Blätter
- **bleiben**, er bleibt
- sie **blieb**
- der **Blitz**, die Blitze
- **blitzen**, es blitzt
- die Blume, die Blumen
- das **Boot**, die Boote
- **böse**
- er **brachte**
- **brennen**, es brennt
- der Brief, die Briefe
- **bringen**, sie bringt
- das **Brot**, die Brote
- die **Brücke**, die Brücken
- der Bruder, die Brüder
- **bunt**
- der Bus, die Busse
- die Butter

### C c
- der **Chor**, die Chöre

### D d
- **dabei**
- **damals**
- **dann**
- **daran**
- **darin**
- **darum**
- **dauern**, es dauert
- **dein**
- **denken**, sie denkt
- der Dezember
- **dick**
- der Dienstag, die Dienstage
- **dir**
- **donnern**, es donnert
- der Donnerstag, die Donnerstage
- das **Dorf**, die Dörfer
- der **Drachen**, die Drachen
- **draußen**
- **drehen**, er dreht
- dunkel
- **durch**
- dürfen, sie darf

Die in Klasse 3 hinzugekommenen Wörter sind **fett** gedruckt.

### E e
die **Ecke**, die Ecken
**einige**
die **Eltern**
**eng**
**erklären**, er erklärt
die **Ernte**, die Ernten
**ernten**, sie erntet
erzählen, er erzählt
etwas
essen, sie ißt

### F f
fahren, er fährt
das Fahrrad, die Fahrräder
die **Fahrt**, die Fahrten
fallen, sie fällt
**falsch**
die **Familie**, die Familien
fangen, er fängt
**fassen**, sie faßt
der Februar
fehlen, er fehlt
das **Feld**, die Felder
die **Ferien**
**fertig**
das **Fest**, die Feste
**fett**
das **Feuer**, die Feuer
**finden**, sie findet
der **Fisch**, die Fische
der **Fleiß**
**fleißig**
**fliegen**, er fliegt
das **Flugzeug**, die Flugzeuge
**frei**
der Freund, die Freunde
die **Freundin**, die Freundinnen
**freundlich**
der **Frieden**
**frieren**, es friert
**frisch**

**froh**
**fröhlich**
**früh**
der Frühling
sie **fuhr**
das **Futter**

### G g
sie **gab**
ganz
geben, er gibt
der **Geburtstag**, die Geburtstage
**gefallen**, es gefällt
**gehen**, sie geht
**gelb**
das **Geld**, die Gelder
**genau**
**genug**
**gerade**
gestern
**gesund**
**gewinnen**, er gewinnt
das **Gewitter**, die Gewitter
sie **ging**
das Glas, die Gläser
**glatt**
**gleich**
das **Gras**, die Gräser
**grau**
**gratulieren**, er gratuliert
groß
**grüßen**, sie grüßt
**gut**

### H h
das Haar, die Haare
haben, er hat
**halb**
der **Hals**, die Hälse
**halten**, sie hält

**Wörterliste**   Die in Klasse 3 hinzugekommenen Wörter sind **fett** gedruckt.

die Hand, die Hände
**hängen**, es hängt
**hart**
**heben**, er hebt
das Heft, die Hefte
**heißen**, sie heißt
helfen, er hilft
hell
**her**
der Herbst
**heraus**
**herein**
der **Herr**, die Herren
das **Herz**, die Herzen
er **hielt**
der **Himmel**, die Himmel
**hinaus**
**hinein**
**hinter**
hoch
**höher**
die **Höhle**, die Höhlen
**hüpfen**, sie hüpft

**I i**
ihm
ihn
ihr
**ins**

**J j**
die **Jacke**, die Jacken
**jagen**, er jagt
der **Jäger**, die Jäger
das Jahr, die Jahre
der Januar
**jetzt**
der Juli
**jung**
der Juni

**K k**
der **Kaffee**
kalt
sie **kam**
**kämmen**, er kämmt
die **Kanne**, die Kannen
die **Karte**, die Karten
die Kartoffel, die Kartoffeln
die **Kasse**, die Kassen
die Katze, die Katzen
die Klasse, die Klassen
**klettern**, sie klettert
**klopfen**, es klopft
**klug**
**kochen**, er kocht
kommen, sie kommt
der Kopf, die Köpfe
krank
**kühl**

**L l**
lang, lange
langsam
er **las**
lassen, sie läßt
**leben**, er lebt
**leer**
der Lehrer, die Lehrer
die Lehrerin, die Lehrerinnen
**leicht**
**lesen**, sie liest
**leuchten**, es leuchtet
die Leute
das **Licht**, die Lichter
lieben, er liebt
liegen, sie liegt
der Löffel, die Löffel
**los**
**lustig**

Die in Klasse 3 hinzugekommenen Wörter sind **fett** gedruckt.  **Wörterliste**

### M m
- das Mädchen, die Mädchen
- der Mai
- **manche**
- **manchmal**
- der Mann, die Männer
- der **Mantel**, die Mäntel
- die **Mark**
- der März
- das **Meer**, die Meere
- **meistens**
- der **Mensch**, die Menschen
- **messen**, er mißt
- das Messer, die Messer
- die Milch
- der Mittwoch, die Mittwoche
- der Monat, die Monate
- der **Morgen**, die Morgen
- **müde**
- müssen, sie muß
- die Mutter, die Mütter
- die **Mütze**, die Mützen

### N n
- **nächste**
- die **Nacht**, die Nächte
- **nah**
- der Name, die Namen
- **nämlich**
- **naß**
- **neben**
- nehmen, er nimmt
- **nennen**, sie nennt
- **nett**
- **nichts**
- der November

### O o
- **oder**
- offen
- **öffnen**, er öffnet
- oft
- ohne
- das **Ohr**, die Ohren
- der Oktober
- der **Ort**, die Orte

### P p
- **paar**
- das **Paar**, die Paare
- packen, er packt
- das **Papier**, die Papiere
- **passen**, es paßt
- die **Pause**, die Pausen
- der **Pfennig**, die Pfennige
- das Pferd, die Pferde
- pflanzen, sie pflanzt
- **pflegen**, er pflegt
- der Platz, die Plätze
- **plötzlich**
- die **Post**
- der **Punkt**, die Punkte
- **pünktlich**
- die Puppe, die Puppen
- putzen, sie putzt

### Q q
- der Quark
- die Quelle, die Quellen
- quer

### R r
- das Rad, die Räder
- der **Raum**, die Räume
- **rechnen**, er rechnet
- rechts
- der **Regen**
- regnen, es regnet
- **reif**
- die **Reise**, die Reisen
- **reisen**, sie reist

**Wörterliste**  Die in Klasse 3 hinzugekommenen Wörter sind **fett** gedruckt.

    **rennen**, er rennt
    **richtig**
der Ring, die Ringe
der **Rock**, die Röcke
der **Rücken**, die Rücken
    **rund**

**S s**
er **sah**
das **Salz**, die Salze
    **sammeln**, sie sammelt
der Samstag, die Samstage
der Sand, die Sande
    **satt**
der **Saurier**, die Saurier
    **schaffen**, er schafft
die **Schere**, die Scheren
    **schieben**, sie schiebt
    schlafen, er schläft
der **Schläfer**, die Schläfer
    **schlecht**
    **schlimm**
das **Schloß**, die Schlösser
der **Schlüssel**, die Schlüssel
    **schmal**
    **schmecken**, es schmeckt
    **schmücken**, sie schmückt
der **Schmutz**
der Schnee
    **schneiden**, er schneidet
    schnell
    **schreien**, sie schreit
der Schuh, die Schuhe
    **schütteln**, sie schüttelt
    schwarz
    schwer
die Schwester, die Schwestern
    **schwierig**
    schwimmen, er schwimmt
der See, die Seen
    sehen, sie sieht
    sehr
    **selbst**
    **senden**, er sendet
der **September**
    **sicher**
    sitzen, sie sitzt
der Sommer, die Sommer
der Sonntag, die Sonntage
    **sparen**, er spart
das Spiel, die Spiele
    **sprechen**, sie spricht
    **spritzen**, es spritzt
die Stadt, die Städte
er **stand**
    **stehen**, sie steht
die **Stelle**, die Stellen
    **stellen**, er stellt
die Straße, die Straßen

**T t**
der Tag, die Tage
    **tanzen**, sie tanzt
die Tasse, die Tassen
der **Tee**
der/das **Teil**, die Teile
    **teilen**, er teilt
das Tier, die Tiere
das **Telefon**, die Telefone
der Teller, die Teller
der **Text**, die Texte
    **tief**
    tragen, sie trägt
    **träumen**, er träumt
    **treffen**, er trifft
    **trennen**, sie trennt
die **Treppe**, die Treppen
    trinken, er trinkt
    **trocken**
die Tür, die Türen

Die in Klasse 3 hinzugekommenen Wörter sind **fett** gedruckt.  **Wörterliste**

## U u
üben
**überall**
die **Uhr**, die Uhren

## V v
der Vater, die Väter
**vergessen**, sie vergißt
der **Verkehr**
sich **verletzen**, er verletzt sich
**verlieren**, sie verliert
**vielleicht**
vier
der Vogel, die Vögel
voll
**vor**
**vorbei**
**vorher**
**vorn**

## W w
die **Wahl**, die Wahlen
**wählen**, er wählt
**wahr**
die **Wahrheit**, die Wahrheiten
der Wald, die Wälder
die **Wand**, die Wände
**wandern**, sie wandert
**wann**
waschen, er wäscht
das Wasser
der Weg, die Wege
das Weihnachten
**weinen**, sie weint
weiß
**wenig**
**werfen**, er wirft
das Wetter
der Wind, die Winde
der Winter
**wissen**, sie weiß

die Woche, die Wochen
**wohnen**, er wohnt
die **Wohnung**, die Wohnungen
das Wort, die Wörter
wünschen, sie wünscht
er **wußte**

## Z z
die Zahl, die Zahlen
zählen, sie zählt
**zeichnen**, er zeichnet
die **Zeit**, die Zeiten
die **Zeitung**, die Zeitungen
**ziehen**, sie zieht
das **Ziel**, die Ziele
das **Zimmer**, die Zimmer
der **Zucker**
**zuerst**
der Zug, die Züge
**zuletzt**
**zurück**
**zusammen**
**zwischen**

## Lernzusammenhänge

| Unterrichtseinheit | Miteinander sprechen | Texte verfassen | Sprache untersuchen |
|---|---|---|---|
| **Im Erzählkreis** Seiten 4/5 | Gespräche führen; Gesprächsregeln; Geschichten erfinden | | |
| **In der Schreibwerkstatt** Seiten 6/7 | | Tips zum Überarbeiten von Geschichten; Geschichtenheft | |
| **Übungsstationen** Seiten 8/9 | | | |
| **Bei uns und anderswo** Seiten 10–15 | Ferienerlebnisse erzählen | nach Vorgaben Texte schreiben: Textanfang; Feriengeschichten; Erlebnis auswählen; Schreibwerkstatt | Wiederholung: Namenwörter; Begleiter; Namenwörter in verschiedenen Muttersprachen |
| **Vom Korn zum Brot** Seiten 16–21 | Informationen einholen und auswerten | Bild-Text einander zuordnen; nach Vorgaben Texte schreiben | Wiederholung: Tunwörter; Begriffe *Grundform*, *Personalformen* |
| **Freund und Freundin** Seiten 22–27 | Text mit verteilten Rollen lesen; von Freund/Freundin erzählen; Problem erörtern | Bildgeschichte erzählen und schreiben; Schluß erfinden | Wiederholung: Wiewörter; mit Wiewörtern Personen beschreiben |
| **Wir spielen Theater** Seiten 28–33 | nach Textvorgabe Figuren und Szenen spielen; Spielvorlage für Theaterstück | einer Erzählspur folgen; eine Geschichte erfinden und aufschreiben | Begriffe *Wörtliche Rede*, *Redebegleitsatz*; mit dem Wortfeld *sagen* umgehen |
| **Ich träume mir ein Land** Seiten 34–39 | zum Thema *Traumland* phantasieren; in Gruppen Geschichten erzählen; Erzählfaden „spinnen" | nach Vorgaben Texte schreiben: Textanfang, Bilder, Textteile, Schlußsatz; Erzählziel bestimmen; Schreibwerkstatt | Sätze gliedern; verschiedene Möglichkeiten erproben; Begriff *Satzglieder* |
| **Bastelwerkstatt** Seiten 40–45 | Vorschläge für Basteleien; Informationsquellen erschließen; Bastelecke | aus Bildern Informationen entnehmen; verwürfelte Bastelanleitung ordnen | Begriff *Fürwort*; Funktion von Fürwörtern erfahren |
| **Vom Wünschen und Schenken** Seiten 46–51 | über ein Gedicht und Schenken nachdenken; | nach Vorgaben Briefe, Karten schreiben und gestalten | Begriff *Satzgegenstand*; Wer-/Was-Frage anwenden |
| **Wo ich wohne** Seiten 52–57 | Gedicht als Gesprächsanlaß; über sich erzählen | Geschichten zum Thema *Wohnen* schreiben; Texte in der Schreibwerkstatt besprechen | Begriff *Satzaussage*; Kontrollfrage anwenden |
| **Reise in die Vergangenheit** Seiten 58–63 | über Bildinhalte sprechen; Personen interviewen; ein Projekt anregen | nach Vorgaben Geschichten erfinden: Bildvorgaben, Textanfang | Begriff *Zeitformen*: Gegenwartsform und Vergangenheitsform |
| **Saurier und Drachen** Seiten 64–69 | Informationen über Saurier sammeln; im Gesprächskreis berichten; ein Projekt anregen | nach Vorgaben Geschichten erfinden und strukturieren (Einleitung, Hauptteil, Schluß); Schreibwerkstatt | Texte in verschiedenen Zeitstufen vergleichen; sprachliche Möglichkeiten, Zeitstufen auszudrücken, kennenlernen |
| **Angst und Mut** Seiten 70–75 | Text als Erzählanlaß; über Angst und Mut sprechen | nach Vorgaben Texte schreiben: Textanfang in Bildern, Textschluß | Vergleichsstufen; Begriffe *Grundstufe, 1. Vergleichsstufe, 2. Vergleichsstufe* |
| **Baum-Woche** Seiten 76–81 | ein Baum-Projekt planen; Arbeitsplan für eine Baum-Woche entwickeln | Geschichten zum Thema *Baum*; Wörtersammlung; Erzählspur wählen | Tunwörter mit den Wortbausteinen *auf-, vor-, um-, ver-, ein-, be-, zu-, aus-* |
| **Tiere am und im Wasser** Seiten 82–87 | Informationen zum Thema *Tiere am Wasser* einholen; über Beobachtungen berichten; Expertengruppen bilden | Gedicht als Schmuckblatt gestalten; Informationen sammeln und strukturieren; Stichwortliste schreiben | Wiewörter mit den Wortbausteinen *-ig* und *-lich* |
| **Radtour** Seiten 88–93 | zum Thema *Radtour* erzählen; Wörter und Text in Mundart verstehen | Erlebnisse erzählen; zu einem Thema phantasieren; Geschichten erfinden | Sätze um Informationen erweitern |
| **Rechtschreibkurs** Seiten 94–103 | Seite 94 Wörter mit langen und kurzen Selbstlauten 95 Wörter mit *aa*, *ee* und *oo* 96 Wörter mit doppelten Mitlauten 98 Wörter mit *ck* 99 Wörter mit *tz* 100 Wörter mit *Eu/eu* 101 Wörter mit *X/x* 102 Wortfamilien 103 Wörter nachschlagen | | |

## Lernzusammenhänge

| Rechtschreiben | -Seiten | | Rechtschreibkurs |
|---|---|---|---|
| bschreiben, Partner-, osen-, Schleichdiktat; Wörterkartei, Wochenplan | | | |
| Wiederholung: Großschreibung von Namenwörtern und am Satzanfang; ABC-Ordnung; Sammelwörter trainieren | Wörtersammlung für eine Geschichte anlegen; Erzählspur suchen: Namenwörter in Einzahl und Mehrzahl; Tunwörter substantivieren; ABC-Spiele; Übungstext trainieren | | Wörter nachschlagen |
| Wiederholung: Wortstamm und Endung; Wörter mit Umlaut; Sammelwörter trainieren | Backanleitung nach Bild-Text-Vorgaben schreiben; Projekt „Rezeptbuch"; mit Tunwörtern umgehen; Gedicht abschreiben u. gestalten; Übungstext trainieren | | * |
| Wiewörter als Begleiter von Namenwörtern; Sammelwörter trainieren | Gespräche lesen, Textteile ordnen, Varianten finden; Funktion der Satzschlußzeichen erfahren; Wortartenkreisel; Texte schreiben und gestalten; Übungstext trainieren | | * |
| Zeichensetzung bei wörtlicher Rede; Sammelwörter trainieren | mit Redebegleitsätzen und wörtlicher Rede umgehen; Zeichensetzung bei wörtlicher Rede; mit Wiewörtern umgehen; Wortfamilien bilden; Übungstext trainieren | | * |
| Wörter mit Auslautverhärtung; Rechtschreibhilfen erfahren und erproben; Sammelwörter trainieren | spielerisch mit Satzgliedern umgehen; Satzschlußzeichen, Satzanfänge, Satzglieder in einem Text erkennen; Rechtschreibhilfe „Wortverlängerung" anwenden; Geschichte zu Ende schreiben | | * |
| Wörter mit ck; Trennung von ck; Sammelwörter trainieren | Fürwörter in Texten; Gespräch mit Redebegleitsätzen u. wörtlicher Rede aufschreiben; Gedicht abschreiben und gestalten; Wörter mit ck üben; Übungstext trainieren | | Wörter mit ck |
| Wörter mit Dehnungs-h; zusammenges. Namenwörter; Sammelwörter trainieren | mit Satzgegenständen umgehen; zusammengesetzte Namenwörter bilden; Übungstext trainieren | | * |
| Wörter mit Mitlauthäufung; Sammelwörter trainieren | mit Satzgegenständen u. Satzaussagen umgehen; nach Vorgaben erzählen; zusammengesetzte Namenwörter bilden; Zungenbrecher sprechen üben; Übungstext trainieren | | * |
| Wörter mit ie; Sammelwörter trainieren | Erkundigungen über frühere Zeiten; im Erzählkreis erzählen; mit Tunwörtern in verschiedenen Zeitformen umgehen; Wörter mit ie üben; Übungstext trainieren | | Wörter mit aa, ee und oo |
| Wörter mit Umlauten; Sammelwörter trainieren | Lückentext mit Zeitangaben ergänzen; mit Tunwörtern in verschiedenen Zeitformen umgehen; nach Vorgaben Geschichten schreiben; Schreibwerkstatt; Übungstext trainieren | | *Wörter mit tz |
| Wörter mit Auslautverhärtung; Rechtschreibhilfen anwenden, Sammelwörter trainieren | mit Vergleichsstufen umgehen; Wörter mit Auslautverhärtung üben; zu einer Geschichte einen Schluß erfinden; Übungstext trainieren | | * |
| Wörter mit tz; Sammelwörter trainieren | Tunwörter mit Wortbausteinen; zusammengesetzte Namenwörter bilden; Baumtexte schreiben und gestalten; Übungstext trainieren | | * |
| Wörter mit Qu/qu; Sammelwörter trainieren | Wiewörter mit den Wortbausteinen -ig, -lich, un-; Stichwortliste anfertigen; Übungstext trainieren | | * |
| Wortfamilien zusammenstellen; Sammelwörter trainieren | Sammelnamen finden; mit anderen Muttersprachen umgehen; Übungstext trainieren | | Wortfamilien |

\* **Weitere Themen des Rechtschreibkurses lassen sich beliebig zuordnen.**

## Wichtige Begriffe

**Namenwörter**
S. 12, 13, 14, 15, 27, 33, 37, 39, 49, 51, 55, 57, 75, 80, 92, 95

Namenwörter bezeichnen Menschen, Tiere, Pflanzen und Ding
Sie werden groß geschrieben.
*der*, *die*, *das*, *ein*, *eine* sind Begleiter der Namenwörter.

**Persönliche Fürwörter**
S. 42, 44

Namenwörter können durch Fürwörter ersetzt werden.
*ich*, *du*, *er*, *sie*, *es*, *wir*, *ihr*, *sie* (alle) sind persönliche Fürwörter.

**Tunwörter**
S. 18, 21, 27, 30, 37, 63, 75, 78, 80

Wörter, die sagen, was man tut oder was geschieht, nennt man Tunwörter. Tunwörter haben eine Grundform und verschiedene Personalformen. Grundform: *ziehen*
Personalformen: *ich ziehe, du ziehst, er/sie/es zieht, wir ziehen, ihr zieht, sie ziehen*

**Wortstamm und Endung**
S. 19, 91, 102

Tunwörter haben einen Wortstamm und eine Endung.
Manchmal wird aus dem Selbstlaut im Wortstamm ein Umlaut:
**trag**en – du **träg**st

**Zeitformen**
S. 60, 62, 66, 68

Tunwörter können in verschiedenen Zeitformen auftreten:
*sie strömen*  *sie strömten*
Gegenwartsform  Vergangenheitsform

**Wiewörter**
S. 24, 25, 27, 32, 33, 73

Mit Wiewörtern kann man beschreiben, wie etwas oder wie jemand ist: *lustig, lang, rot*

**Vergleichsstufen**
S. 72, 73, 74, 75

Mit Wiewörtern kann man vergleichen.
*Nele ist stark.*  *Mathias ist stärker.*  *Sandra ist am stärkste*
Grundstufe  1. Vergleichsstufe  2. Vergleichsstufe

**Wörtliche Rede**
S. 30, 31, 32, 44

Die wörtliche Rede steht in Anführungszeichen (Redezeichen).
Der Redebegleitsatz gibt an, wer spricht.
Die Sternenfee sagt: „Ich hole die Sterne zurück."
Redebegleitsatz  Wörtliche Rede

**Satzarten**
S. 26, 32, 36, 38, 56

*Felix besucht seine Großeltern.* **(Aussagesatz)**
*Wie war es in der Schule?* **(Fragesatz)**
*Beeile dich!* **(Aufforderungssatz)**

**Satzglieder**
S. 36, 38, 48, 90

Ein Satz besteht aus mehreren Teilen, den Satzgliedern.
Sie können aus einem oder mehreren Wörtern bestehen.

**Satzgegenstand**
S. 48, 50, 54, 56

Das Satzglied, das du mit der Wer- oder Was-Frage herausfindes nennt man Satzgegenstand.

**Satzaussage**
S. 54, 56

Derjenige Satzteil, der eine Aussage über den Satzgegenstand macht, heißt Satzaussage.  *Der Junge*  *hört Musik.*
Satzgegenstand  Satzaussage